아들아
세상의 중심에 너 홀로 서라

| 필립 체스터필드 지음 • 이은경 옮김 |

아이템하우스

책머리에

이 책은 영국의 정치가이자 문필가인 필립 체스터필드의 세계적인 명저로 평판이 높은 「아들에게 보내는 편지Letters To His Son」인데, 오늘날 우리나라의 젊은 독자들이 친밀하게 접할 수 있도록 「아들아! 세상의 중심에 너 홀로 서라」로 제목을 달았다.

케임브리지대학교를 중퇴한 체스터필드는 해외여행을 하면서 특히 파리에 오랫동안 머물렀다. 그 무렵, 루이 14세 치하의 프랑스는 세계 제일의 문화국가였다. 젊은 시절을 파리에서 보낸 체스터필드가 프랑스의 교양·취미·예의범절에 평생 존경을 표시한 것도 무리가 아니다.

1726년에 백작의 작위를 계승한 그는 1728년 네덜란드 대사가 되어 1732년까지 헤이그에 주재하였다. 그때 태어난 필립 스탠호프Philip Stanhope가 바로 체스터필드로부터 편지를 받은 '아들'이다.

체스터필드가 활약했던 당시는 오늘날의 사회 여건과 비슷한 중상주의重商主義 시대였다. 이를테면, 근대 자본주의가 형성되는 시기에 있어서 상공업을 중요시하며, 수출을 늘려 나라를 부강시키려는 기운이 온 세계에 퍼져 있던 치열한 경쟁의 시대였다. 따라서 사람의 사고나 생활 자체가 무척 각박해질 수밖에 없었던 시대였다.

　이러한 시대적 배경에서 저자는 그의 아들에게, 자기가 겪어 왔던 생생한 경험들을 바탕으로, 삶을 살아가는 데 꼭 알아두어야 할 지혜와 기술을 가르쳐 주고 있다.

　이 책은 한마디로 젊은이들을 위한 '자기계발서'라 할 수 있다. 가장 사랑하는 아들에게 '인생은 어떻게 살아가야 하는 것인가'를 진술하고 절실하게 설명해 주는 인생론의 최고 명저로, 삶의 형태·사랑·사업·교제·정치·경제·사회·과학·문화 등 모든 분야에 대해 아버지가 아들에게 편지로 설명해 주는 인생론의 총집합인 것이다.

　이 책은 그 동안 영국의 케임브리지, 옥스퍼드 대학은 물론 일반인에게도 필독서처럼 애독되어 왔으며, 현재에도 인생론의 명저로 전 세계 수십 개국의 독자들에게 크게 감명을 주면서 인생지침서로서 교과서처럼 활용되고 있다.

- 옮긴이

차례

1장

사랑하는 아들에게

반드시 해야 하는 일부터 하라. 그런 다음 할 수 있는 것을 하라.
그러면 불가능하다고 생각했던 것을 해내고 있는 자신을 발견하게 된다.
— 아시시의 성 프란체스코

성공적인 인생의 황금기를 위해 철저히 준비해야 한다

시간의 귀중함과 그 활용법

네가 반드시 알아두어야 할 것이 있는데, 그것은 바로 시간의 소중함과 그 사용법이다. 하지만 이 진리를 제대로 실천하는 사람은 의외로 많지가 않다. 누구나 입으로는 '시간은 돈보다 귀하고 소중하다'고 말하지만 실제로 소중하게 사용하고 있는 사람은 거의 없다고 할 만큼 찾아보기 힘들다.

시간에 관한 격언은 수없이 나돌고 있기 때문에 그것들 중 몇 가지를 골라 그럴싸하게 말하기란 그리 어려운 일은 아니다.

사람들이 이렇게까지 시간에 대해 지대한 관심을 갖게 된 것은 유럽 곳곳에 설치된 해시계의 영향을 받았기 때문이 아닐는지 모르겠다. 날마다 사람들은 그것을 보면서 시간을 잘 사용하는 일이 얼마나 중요한가를 인식하게 되었고 지나간 시간은 되돌릴 수 없다는 이치를 깨닫게 되었을 것이다.

그러나 이러한 교훈도 단순히 이해하는 것만으로 끝나게 되면 아무런 효용가치가 없다. 자기 스스로 남에게 가르칠 수 있을 정도로 교훈을 체득하고 있지 않다면, 진실로 시간의 가치를 이해하고 그 사용법을 알고 있다고 말할 수 없는 것이다.

그 점에서 이 아버지가 보기에 너는 시간의 소중함을 잘 알고 있고, 그것을 유효적절하게 잘 사용하고 있는 것처럼 여겨지더구나. 이것은 대단히 중요한 일이다. 알고 있는 것과 모르고 있는 것과는 앞으로의 네 인생에 엄청난 차이가 생길테니 말이다.

그렇기 때문에 너한테 시간에 대해서 더 이상 긴 말은 하지 않겠다. 그러나 꼭 한 가지, 즉 앞으로의 기나긴 인생중의 한 기간 ─ 지금부터 앞으로 약 2년 간 ─ 에 대해서만은 좀 이야기를 해 두어야겠다.

먼저 18세가 되기까지는 지식의 기반을 튼튼히 닦기 바란다. 그렇지 못하면 그 이후의 인생을 네가 뜻한 대로 살아나가기가 어려울 것이다. 무릇 지식이란 나이 들었을 때 삶의 휴식처가 되고 피난처가 되는 법이니까 말이다.

지식은 인생의 영원한 안식처다

나는 은퇴 후에도 책을 가까이 하며 살아가는 게 소망이다. 지금 내가 이렇게 그 어떤 방해도 받지 않고 책 읽기에 빠져들 수 있는 것도 젊었을 때 어느 정도 공부를 했기 때문이라고 생각하고 있다. 그래도 그때 조금만 더 열심히 공부했더라면 지금의 만족감은 배가 되었을 것이다. 아무튼 이제 나는 속세에서 벗어나 독서에서 일말의 평온을 찾을 수 있게 되었다.

나는 젊었을 때 어느 정도 지식을 축적해 둔 것은 참으로 잘 한 일이라고 생각하고 있다.

그렇다고 해서 놀았던 시간이 헛된 시간이었다는 의미는 결코 아니다. 논다는 것 또한 인생에 멋과 낭만을 더해 주는 것은 물론 젊은이들의 큰 기쁨이기도 하기 때문이다.

나는 젊었을 때 충분히 놀기도 했다. 만일 그렇지 않았더라면 지금쯤은 노는 것을 잘못평가하고 있을 것임에 틀림없다. 인간은 자기가 모르는 일에는 큰 흥미를 갖고 싶어하니까 말이다.

그렇지만 다행히도 나는 충분히 놀았기 때문에 논다는 것이 어떠한 것인가를 잘 알고 있으며, 지금껏 후회하는 일도 없다. 그와 마찬가지로, 나는 일하는 데 소비한 시간이 헛된 시간이었다고 생각한 적도 없다. 일을 실제로 해보지 않고 겉으로밖에 보지 못하는 사람은 그것이 굉장할 것 같은 생각이 들어서 자기도 한 번 해보고 싶다고 생각하는 법이다. 그렇지만 그것은 실제로 해본 사람이 아니면 결코 모른다.

다행히 나는 일에도 놀이에도 능숙하였다. 그러므로 후회하기는커녕 아주 잘했다고 생각하고 있다. 하지만 내가 지금까지 후회하고 있고, 앞으로도 후회하리라 생각되는 것이 오직 하나 있는데, 그것은 바로 젊었을 때 그 어떤 의미도 둘 수 없는 일로 나태하게 지내 버린 시간이다.

다시 한 번 강조하지만, 네가 18세가 될 앞으로의 2년 간은 너의 인생에 있어 대단히 중요한 시기다. 그래서 목이 터지도록 충고하고 싶다. 이 기간을 뜻있게 보내기를 말이다.

이 시기를 아무런 보람없이 흘려 보낸다면 그만큼 너의 지식의 깊이는 얕아질 것이고 인격 형성에 있어서도 손실이 클 것이다. 반대로 네가 정말 보람있고 알차게 시간을 보낸다면, 그러한 시간들이 쌓이고 쌓여서 반드시 크나큰 이익으로 네게 되돌아올 것이다.

앞으로 2년 간 너는 학문의 기초를 굳건히 닦아 두어야 한다. 일단 그렇게 기초를 닦아 놓으면 네가 원하는 만큼의 지식은 언제든지 그 위에 탑처럼 쌓아갈 수 있다. 그러나 때를 놓치고 나중에 학문의 기반을 다지려고 하다면 때는 이미 늦다.

그리고 나는 네가 일단 사회에 나가면 책을 많이 읽으라고는 말하지 않을 작정이다. 왜냐하면, 그럴 시간이 네게 없을 테니까 말이다. 설사 읽고 싶은 생각이 든다 하더라도 그때는 이미 책만 읽고 있을 신분은 아닐 것이다.

그러니까 네 인생에 있어서 바로 지금이 유일한 면학의 시기이다. 누구한테도 방해받지 않고 마음껏 지식을 비축할 수 있는 때인 것이다. 그러나 너도 이따금은 책을 손에 들고 있으면 짜증이 날 때가 있을 것이다. 그런 때는 이렇게 생각하도록 해라.

'이것은 꼭 지나가지 않으면 안 되는 관문이다. 내가 한 시간이라도 더 많이 노력하면 그만큼 이러한 구속으로부터 해방되어 자유로워진다.'

얼마나 빨리 자유로워질 수 있느냐는 오직 시간을 어떻게 활용하는가에 달려 있다.

노력하면
무엇이든 가능하다

자기 향상을 위한 노력은 아무리 지나쳐도 좋다

알맞게 절제된 생활만 한다면, 네 나이 때에는 특별한 운동을 하지 않아도 건강은 충분히 유지된다. 하지만 두뇌는 그렇지 않다.

특히 네 나이 때에는 항상 절제하는 마음가짐, 가끔씩 두뇌를 쉬게 하는 등 물리적인 운동이 중요하다.

현재의 시간을 유효하게 활용하느냐 못하느냐가 초점이며, 그것이 장래의 네 두뇌 활동에 큰 영향을 미치게 된다. 그뿐만이 아니다. 건강하고 명석한 두뇌를 유지하기 위해서는 많은 훈련이 필요하다.

물론, 때로는 특별한 훈련 따위는 하지 않았는데도 자연적으로 천재가 나타나는 수가 있기는 하다. 하지만 그런 일은 좀처럼 있는 일이 아니므로 무작정 그것을 기대하고 빈둥거리며 기다릴 수는

없는 노릇이다.

그러므로 늦기 전에 단단히 지식을 쌓아 가는 노력을 아끼지 말기를 바란다. 그것을 할 수 없다면 너는 출세는커녕 평범한 인간도 되지 못할 것이다.

그렇다면 너는 무엇에 의지하고 기대하겠느냐? 오로지 자신의 힘밖에는 없을 것이다. 그것이 출세의 유일한 길이 될 것이며, 또 그렇게 되지 않으면 안 된다. 물론 너에게 그만한 힘이 있다면 말이다.

나는 가끔 "나는 뛰어난 인재인데 인정을 받지 못하고, 또 그에 대한 적절한 보상도 받지 못한다."는 푸념을 듣곤 한다.

그러나 내가 알고 있는 한 실제로는 그런 일은 없었다. 훌륭한 사람은 그 어떠한 역경에도 굴하지 않고 반드시 성공한다는 것이 내가 믿는 유일한 신념이다.

여기서 '훌륭한 사람'이란 지식과 식견이 있고 태도도 훌륭한 사람을 가리킨다. 식견이 얼마나 중요한가는 새삼스럽게 말할 필요도 없을 것이다.

지식에 대해서는 네게 몇 번이나 강조해 말했지만, 자신이 무엇을 목표로 삼든지 간에 그것을 몸에 익혀 두지 않으면 안 된다.

내가 그 동안 기회 있을 때마다 네게 써 보낸 편지, 그리고 지금부터 써 보낼 편지에 부디 진지하게 귀를 기울여 주기 바란다. 그것들은 나의 오랜 경험 끝에 도달한 지혜의 결실이며, 너에 대한 애정의 표시이기도 하다.

어쩌면 너는 아직 내가 너의 장래를 위해 걱정하고 있는 마음의 절반도 이해하지 못하고 있는지도 모른다. 그러므로 지금 나의 충고가 너에게 어떤 도움이 될지 잘 모르겠지만, 인내하면서 내가 하는 말에 잠자코 따라 주었으면 좋겠다. 그렇게 하면 언젠가 나의 충고가 결코 헛된 것만은 아니었다는 사실을 반드시 깨닫게 될 것이다.

2장

높은 이상을 가슴에 품어라

지금까지도 그래 왔고 앞으로도 항상 지키려고 노력하는
결심 한 가지는 바로 소소한 일에 대해 초연해지는 것이다.

― 존 버로스

노력하지 않고
자란 거목은 없다

야망을 가져라

나태함에 대해서 너에게 하고 싶은 말이 있다. 이 아버지의 애정은 너도 알고 있다시피 나약한 어머니의 애정과는 다르다.

나는 내 자식의 결점을 절대로 그냥 지나치지 않을 것이다. 오히려 결점이 있다 싶으면 그것을 즉시 바로잡아 줄 것이다. 그것이 아버지로서의 의무이자 책임이라고 생각하고 있기 때문이다. 또한 그 지적된 점을 고치려고 노력하는 것이 자식인 너의 의무이며 도리라고 생각한다.

다행히 이제까지 내가 보아 온 바로는 성격 면에서나 재능 면에서 너에게는 이렇다 할 문제가 없었다. 다만 조금 나태하고 집중력이 떨어지며 다소 무관심한 경향이 있는 것 같은 생각이 든다.

이런 점은 육체적으로나 정신적으로 나약한 노인이라면 이해

가 되겠지만 너와 같은 젊은이에게는 결
코 용납될 수 없는 일이다.

젊은이에게는 남보다 뛰어나고 남보다 빛나
겠다는 야망이 없으면 안 된다. 민첩하고 활동적이며, 무엇을 하
든지 간에 끈기가 있어야 한다. 정복자 카이사르caesar는 '훌륭한
행동이 아니면 행동이라고 말할 수 없다'라고 했다.

너에게는 용솟음 치는 활기가 조금 부족한 것처럼 느껴지더구
나. 그것이 있어야만 주위 사람들을 기쁘게 해주기 위해 노력하게
되고, 남들보다 뛰어나고 빛나겠다는 야망을 품게도 되는 것이다.

사람들에게 존경받는 인간이 되고 싶다면, 그렇게 되기를 소망
하고, 또 그렇게 되기 위해 노력하지 않으면 안 된다. 이것은 진리
이다. 남을 기쁘게 하려는 배려가 없으면 절대로 남을 기쁘게 할
수 없다.

사람은 누구나 자신이 마음먹은 바를 이룰 수 있다고 나는 생
각한다. 보통의 재능을 지닌 사람이라면, 자신의 능력을 계발하고

집중력을 배양하고 열심히 노력만 한다면, 누구나 자신이 원하는 바를 이룰 수 있다.

너는 장차 어지럽게 움직이는 이 커다란 사회의 일원이 될 것이다. 그에 대비해서 지금 네가 해야 할 일은 무엇일까? 그것은 바로 세계 각국의 정치 정세, 각국 간의 이해 관계, 경제 상태, 역사, 관습 등에 대해서 지식을 골고루 섭렵하는 일이다.

이런 일은 누구든지 조금만 노력을 하면 할 수 있는 일들이다. 따라서 그것을 하지 않는다는 것은 절대로 용납할 수 없다. 자기가 무엇을 해야 좋을지를 알고 있으면서도 그것을 하지 않는다는 것은 태만 이외의 아무것도 아니기 때문이니까 말이다.

'조금만 더'의 의욕이 없으면 진보는 없다

나태한 사람은 시작하는 일을 끝까지 하고자 하는 노력을 하지 않는다. 조금만 어렵거나 골치가 아프면 – 터득하거나 체득할 가치가 있는 것은 다소의 어려움이나 골치 아픈 것이 따르게 마련인데 – 곧 좌절감을 느껴 목적을 달성하기 직전에 포기해 버린다. 그리고 손에 넣기 쉬운 것, 결과적으로는 수박 겉핥기에 불과한 지식을 얻는 것에 만족하고 만다.

이런 사람은 대개의 일들을 지레 겁먹고, '할 수 없다' 생각하고, '할 수 없다'고 말한다. 실제로 진지하게 도전하면 정말로 할 수 없는 일이란 거의 없는데도 말이다. 이런 사람들에게는 어려운 일이란 곧 불가능한 일이다. 자신의 태만을 변명하기 위하여 그렇게 여기기로 작정한 것에 불과하다.

이런 사람이 통찰력이나 집중력을 겸비한 사람을 상대로 이야기하기 시작하면 금방 무지와 태만이 백일하에 드러나게 되고, 종잡을 수 없는 답변밖에 할 수 없게 된다.

그러므로 맨 처음에 '어렵구나', '귀찮구나'라고 생각했을 때 결코 좌절해서는 안 된다. 오히려 한층 더 분발하여 훌륭한 사회의 일원으로서 누구나가 알고 있어야 할 지식을 터득해야겠다는 결의를 굳게 다져야 한다.

전문 분야 이외의 '상식'도 알아두도록 하여라

지식 중에는 어떤 특정한 직업을 가진 사람에게는 필요하고 그밖의 사람에게는 필요치 않은 것도 있다. 이를테면, 항해학 같은 전문 지식은 평상시의 대화 중에서 적당히 질문하면 얻을 수 있는 정도의, 표면적이고 일반적인 지식만으로 충분할 것이다.

그러나 어떤 직업을 가진 사람이든 공통적으로 알아두어야 할 것은 철저하게 알아두는 편이 좋다. 컴퓨터, 어학, 역사, 지리, 철학, 논리학 수사학 등이 그것이다.

이 광범한 지식 체계를 자기 것으로 소화하기란 그리 쉬운 일은 아니다. 그러나 꾸준히 하나하나 정진해나가다 보면 할 수 없는 일도 아니다. 그리고 그것이 장차 네게 큰 재산이 된다.

되풀이해서 말하지만 너는 어리석은 사람들이 흔히 입에 담는, '그런 일은 할 수 없다'고 하는 변명을 결코 해서는 안 되고, 또한 그런 어리석은 소리는 하지 않으리라고 나는 굳게 믿고 있다. 정신적으로나 육체적으로나 '할 수 없는 일'이란 있을 수가 없다.

'한 가지 일에 장시간 집중할 수 없다'고 말하는 것은, '나는 바보입니다. 하고 싶지 않습니다'라고 말하는 것과 같은 것이다. 아무튼 다른 사람들이 태연하게 하는 일을 '할 수 없다'라고 생각하는 것은 정말로 부끄러운 일이며 또한 어리석은 일이라고 생각지 않느냐?

작은 일에도 소홀하지 않는 사람은
반드시 성공한다

가치 있는 일이라면 작은 일에도 최선을 다해라

세상에는 별로 중요하지 않은 일에 집착하는 사람들이 있다. 그들은 정말 무엇이 중요하고, 무엇이 중요하지 않은지를 구분할 줄 모르기 때문이다. 그리하여 중요한 일에 소비해야 할 시간과 노력을 하찮은 일에 쏟아 버리고 있는 것이다.

이러한 사람들은 누군가를 만나서 이야기할 때도 상대방이 입고 있는 옷차림 같은 것에만 신경을 쓰느라 상대방의 인격은 보지 않는다. 연극을 보러 가도 연극의 내용보다는 무대 장식에 더 깊은 관심을 둔다. 시사문제에 대해서도 내용의 깊이를 이렇다 저렇다 말하기보다는 형식에 얽매여 버린다. 이래서는 발전이란 없다.

그런데 똑같이 대수롭지 않은 일이라도 그것이 없으면 호감을 살 수도 없고, 사람을 즐겁게 할 수도 없는 것이 있다. 이런 것은 홀륭한 인간이 되기 위하여 지식이나 식견을 넓히고, 예의 바른 태도를 몸에 익히려고 생각하는 것과 마찬가지로, 아무리 사소한 것이라도 노력하여 몸에 익히도록 하는 것이 좋다. 조금이라도 해볼 가치가 있다고 생각되는 것은 훌륭하게 성취할 만한 일이다. 그리고 훌륭하게 성취하기 위해서는 무엇보다도 먼저 그것에 주의를 기울이지 않으면 안 된다.

집중력을 길러라

일반적으로 주의가 산만하다는 말을 듣는 사람은 대개 머리가 좀 모자란 사람이거나 집중력이 뒤떨어지는 사람이다. 어느 쪽이든 간에 함께 있으면 즐겁지 않은 것만은 확실하다. 그러한 사람은 모든 면에서 예의에 어긋나 있다.

예를 들면 어제까지 다정하게 대했던 사람에게 오늘은 돌연 냉정하게 대한다. 모두가 모여 즐겁게 얘기를 하고 있는데도 그 속에 끼어들지 않는다. 그뿐 아니라 이따금 생각났다는 듯이 제멋대로 대화에 끼어든다. 이런 행동은 정신력의 집중이 부족하다는 증거이다. 그렇지 않다면 어떤 중요한 무엇인가에 정신을 빼앗기고 있다고 생각할 수밖에 없다.

영국의 물리학자 아이잭 뉴턴Isaac Newton:1692~1772을 비롯하여 창세기부터 오늘날에 이르기까지 존재했던 천재들에게는 주위에 많은 사람들이 있어도 혼자 사색에 몰두하는 일이 용인될 수 있었을는지 모른다. 그렇지만 그러한 면죄부를 갖지 못한 일반인은 그래서는 안 된다. 조금이라도 그런 흉내를 냈다가는 당장 얼간이 취급을 받고, 결국은 동료들 사이에서조차도 고립되고 말것이다.

내 생각을 말하자면, 마음이 딴 곳에 가 있는 사람과 함께 있느니 차라리 송장과 함께 있는 편이 더 낫다. 적어도 송장은 나를 바보 취급하지는 않을 테니까 말이다.

그런데 정신이 멍해져 있는 사람은 나를 주목할 만한 가치가 없는 인간이라고 무언중에 단언하고 있는 것이다. 가령 그것이 허용된다 하더라도, 정신이 산만한 사람이 과연 함께 있는 사람들의 인격이나 태도, 그 고장의 관습 따위를 정확히 관찰할 수 있을까?

결코 할 수 없을 것이다. 그런 사람은 설령 평생 동안 훌륭한 사람들에게 둘러싸여 있다 하더라도 ― 물론 그 사람들이 받아들여 주어야 하지만, 나 같으면 절대 사절이다 ― 무엇 하나 얻는 것 없이 끝나 버릴 것이다.

그리고 당장 지금 해야 할 일, 하고 있는 일에 정신을 집중시키지 못하는 사람은 훌륭한 일을 할 수도 없을 것이며, 좋은 친구도 되지 못할 것이다.

상대방도 너와 똑같은 자존심을 가지고 있다

자기 자신을 낮추는 지혜가 필요하다

내가 볼 때 너는 주위 사람들에 대한 주의력이 다소 부족한 것 같다. 그것은 달리 보자면 네가 그 사람들을 무시하고 있다는 증거일 수도 있다. 여러 번 했던 이야기지만, 세상에는 무시해도 좋을 정도로 사려 없고 쓸모없는 인간은 없는 법이다.

물론, 이 세상에는 많은 부류의 사람들이 있다. 그들 중에는 어리석은 사람도 있고 예의 바르지 못한 사람도 있을 것이다. 나는 그러한 사람들을 존경하라고 말하지는 않지만, 그렇다고 그들을 무시해서도 안 된다. 만약 노골적으로 그들을 무시한다면 너를 지지하는 사람들을 잃게 되므로 그만큼 네 인생에 타격을 받게 된다.

마음속으로 상대방을 싫어하는 것은 자유이지만, 그런 마음을 노골적으로 내보일 것까지는 없다. 그것은 비굴한 행동이 아니라

오히려 현명한 태도라고 나는 생각한다. 왜냐하면 그러한 사람들이라 해도 언젠가는 너에게 힘이 되어 줄 때가 올지도 모르기 때문이다. 그럴 때, 네가 단 한 번이라도 그 사람을 무시한 일이 있다면 상대방은 결코 너에게 힘이 되어 주지 않을 것이다.

나쁜 짓은 용서받을 수 있지만, 모욕은 용서받을 수가 없다. 사람에게는 자존심이라는 것이 있어서, 그 자존심이 상한 사람은 언제까지나 모욕당한 일을 기억하고 있는 것이다.

모욕을 받는다는 것은 때로는 우리가 자신이 범한 죄 이상으로 숨겨 두고 싶은 자신의 약점이나 결점을 노골적으로 건드리는 것과 같다. 이것은 실로 가슴 아픈 일이다.

실제로 자신의 과오를 친구에게 고백하는 사람은 있을지라도 자신의 약점이나 결점을 털어놓는 사람은 여태껏 한 번도 본 적이 없다. 마찬가지로 너의 잘못을 지적해 주는 친구는 있겠지만 너의 어리석음까지도 직선적으로 말하는 사람은 아마 없을 것이다. 그것은 자기 스스로 고백을 하는 것이든 상대방으로부터 지적을 당하는 것이든 그것은 듣는 사람의 자존심이 크게 상한다는 것을 알고 있기 때문이다.

그러므로 인생의 적을 만들고 싶지 않거든 아무리 모욕을 줄 만한 형편없는 인간일지라도 절대로 드러내놓고 무시해서는 안 된다.

무심코 뱉은 말이 평생의 적을 만든다

자신의 우월감을 위해 다른 사람의 약점이나 결함을 폭로해서 타인을 웃음거리로 만드는 젊은이들을 가끔 본다. 그러나 너는 절대로 그런 비겁한 짓을 해서는 안 된다. 그런 짓을 하면 확실히 그때는 주위 사람들을 웃길 수 있을지는 모른다. 하지만 그 때문에 너는 평생의 적을 한 사람 만들게 되는 것이다.

그리고 그때 너와 함께 웃었던 친구들조차도 나중에는 그 일을 자신과 연관시켜 생각해 보고는 가슴이 섬뜩해질 것이 틀림없다.

그래서 결국은 너를 멀리하게 될 것이다.

뿐만 아니라 그런 행동은 자신의 품위를 실추시킨다. 심성이 고운 사람은 다른 사람의 약점이나 불행을 감추어 줄지언정, 그것을 들춰내어 웃음거리로 삼지는 않는다. 만일 너에게 재치가 있다면, 남의 마음에 상처를 주기 위해서가 아니라 남을 유쾌하게 하는 데 그 재치를 쓰도록 하여라.

세상을 여는 지혜의 말 01

인생은 양파와 같다. 한 번에 한 꺼풀씩 벗기다 보면 눈물이 난다.

자신의 가치관만으로
세상을 재지 말아라

상대방의 생각이 무조건 틀렸다는 편견을 버려라

네 편지를 받아 보았다. 네가 로마 카톨릭 교회에 대해서 꾸며
낸 어리석은 이야기를 듣고, 또 그것을 맹신하고 있는 신도들을 보
고서 놀란 너의 기분은 충분히 이해하겠다. 하지만 비록 잘못된 생
각이라 해도 본인들 자신이 진심으로 그렇게 믿고 있는 이상 결코
비웃거나 힐난해서는 안 된다.

분별력이 흐려져서 그 실체를 바로 보지 못하는 사람은 불쌍한
사람들이다. 하지만 그들은 웃음거리가 될 만한 일이나 책망을 받
을 만한 일을 해서 그렇게 된 것은 아니다. 그러므로 진실한 마음
으로 대하고, 될 수 있으면 서로 대화를 통해 올바른 방향으로 인
도해 주는 마음가짐으로 대하는 것이 좋다.

사람은 각자 자기의 생각이 옳다고 믿으며 살아가고 있다. 그러

므로 진실로 어떤 삶이 옳고 그른가는 오직 하나님만이 평가할 문제이다. 그렇기 때문에 다른 사람의 생각이 자기와 다르다고 해서 무시하거나 자신이 믿는 종교와 다르다고 해서 이교도 취급을 하며 박해하는 사람은 무지한 사람이다. 인간은 자기가 생각하는 것밖에 생각할 수 없으며, 믿는 대로밖에 믿을 수 없는 생명체인 것이다. 비난받아야 할 사람은 일부러 거짓말을 하거나 이야기를 꾸며내 날조한 사람이지, 그것을 믿는 사람은 아닌 것이다.

당당하게 살아야겠다는 마음가짐을 지녀라

세상에서 가장 비겁하고 어리석은 사람은 거짓말을 하는 사람이다. 거짓말은 적의나 두려움이나 허영심이 만들어 내는 것인데, 어떤 경우라 하더라도 목적을 달성하는 일은 드물다.

아무리 교묘하게 위장을 해도 거짓말은 얼마 안가 탄로나게 되어 있다. 예를 들면 누군가의 행운이나 인덕을 시기해서 거짓말을 했다고 치자. 물론 한동안은 상대방에게 상처를 입힐 수가 있을 것이다. 그렇지만 가장 고통을 받는 사람은 자기 자신일 것이다. 거짓말이 탄로 났을 때대개는 탄로가 난다 가장 상처를 입는 것은 자기 자신이기 때문이다. 더구나 그런 일이 있은 이후에도 그 상대에 관해서 호의적이 아닌 말이라도 하게 되면, 아무리 그 말이 사실이라도 단순한 험담이라고 간주되어 버릴테니 이 얼마나 큰 손해인가?

만일 불행히도 잘못을 저질러 버렸을 때는 거짓말을 하여 그것을 숨기려고 하기보다는 정직하게 시인해 버리는 편이 떳떳하다. 그리고 그렇게 하는 것이 속죄를 하는 유일한 방법이며 용서를 구하는 유일한 방법이기도 한 것이다.

잘못이나 무례함을 숨기려고 변명을 하거나, 얼버무리거나, 속이거나 하는 행위는 결코 보기 좋은 것이 아니다. 게다가 그가 무엇을 두려워하고 있는지도 주위에서 자연히 알게 되는 법이다. 그러므로 그런 짓을 해도 성공하는 일은 드물고, 또한 성공하지 못하는 것이 당연하다.

너도 양심이나 명예에 상처를 받지 않고 사회를 훌륭하게 살아나가고 싶거든, 거짓말을 하거나 속이거나 하지 말고 떳떳하게 살면 된다. 이 세상을 다 할 때까지, 지금 내가 한 이 말을 네 머리 속에 꼭 새겨 두기 바란다.

세상이라는 미지의 세계로
나아갈 아들에게

세상사란 이론만으로는 알지 못한다

오늘은 인간의 사회적 성격과 그 태도에 관해서 공부해보자. 이 것은 어느 정도 나이가 들어서도 생각해 볼 만한 가치 있는 문제 이다. 특히 너와 같은 젊은이들에겐 좀처럼 얻을 수 없는 지식이기 도 하다.

나는 전부터 이러한 인생의 지혜를 젊은이에게 가르쳐 주는 어 른들이 많지 않다는 것을 안타깝게 생각하고 있었다. 학교 선생님 이나 심지어 대학의 교수까지도 자기의 전문 지식을 가르칠 뿐, 그 외의 것은 별로 중요하게 여기지 않는다. 아니, 차라리 가르칠 수 없다고 체념하고 있다고 말해야 좋을지도 모르겠다.

이 점은 부모도 마찬가지이다. 가르칠 능력이 없어서인지, 바쁜 생활에 얽매여 있어서 그런지, 아니면 무관심해서 그런지, 하여튼 부모도 가르치려고 하지 않는다.

그 중에는 자식을 사회에 내던지 일이야말로 가장 좋은 인생 교육이라고 생각하고 있는 부모들도 있다. 이것은 어떤 의미에서는 옳다고 본다. 분명히 말해서 세상일은 이론만으로는 모른다.

왜냐하면, 실제로 세상에 몸을 담아 보지 않고서는 결코 알 수 없기 때문이다. 그래서 사회라는 큰 미로에 발을 내딛기 전에, 거기에 들어가 본 적이 있는 경험자가 그 약도를 대강이나마 그려준다면 얼마나 커다란 도움이 될까?

정당하게 평가받는 사람과 그렇지 못하는 사람의 차이

아무리 훌륭한 사람이라도 타인으로부터 존경을 받기 위해서는 반드시 어떤 위엄을 갖추고 있어야 한다. 소란을 피운다, 시시덕거린다, 큰 소리로 마구 웃는다, 농담하기를 좋아한다, 우스꽝스러운 짓을 한다, 또는 무턱대고 붙임성이 좋다, 이런 행동들은 위엄 있는 태도가 아니다.

이런 태도를 취해서는 아무리 풍부한 지식을 갖춘 인격자라 할지라도 존경을 받기는커녕 오히려 업신여김만 받기 십상이다.

쾌활한 성격은 좋지만 그런 사람 치고 존경을 받은 예는 지금까지 거의 없었다고 단언해도 좋다. 게다가 무턱대고 붙임성 있는 것도 손윗사람을 화나게 만들 뿐이며, 그렇지 않더라도 주위 사람들로부터 '아첨꾼'이라든지, '꼭두각시'라는 험담을 듣기 일쑤이다. 신분이나 지위가 낮은 사람에게 붙임성 있게 행동하면 상대방은 자기 분수도 모르고 오해하여 대등한 교제를 원하려고 할 것이며, 이 부당한 요구에는 몹시 곤란할 것이다.

농담 또한 마찬가지이다. 실없이 농담만 하는 사람은 어릿광대와 조금도 다를 바가 없다. 사람들을 감복시키는 기지와는 근본적으로 다르다. 결국은 자기 본래의 성격이나 태도와는 관계없는 점이 상대의 마음에 들어 같은 동료로 받아들여지거나 인기가 있거나 한 사람은 절대로 존경을 받는 일이 없는 법이다. 오히려 이용만 당할 뿐이다.

우리는 흔히 이런 말을 한다. 저 사람은 노래를 잘하니까 모임에 끼워 주자, 춤을 잘 추니까 무도회에 초대하자, 언제나 농담을 해서 사람들을 즐겁게 해주니까 식사에 초대하자고 한다.

이러한 평가는 칭찬을 받고 있는 것도, 호감을 사고 있는 것도 아니다. 반대로 헐뜯고 있는 것이나 다름없다. 고의로 지명을 당하고 바보 취급을 받고 있는 것이다. 하여간 정당한 평가를 받고 있는 것도 아니고 존경받고 있는 것도 아닌 것은 확실하다.

한 가지 이유만으로 그 어떤 모임에 선택된 사람은 자신이 지니고 있는 장기 이외에는 그 존재 가치가 없는 것이다. 그들은 다른 면에서 그 사람의 장점이나 인격을 평가하려 들지 않을 것이고, 결국 그 사람은 그들에게 이용만 당하고 존경은 받지 못하게 되는 것이다.

3장

성공적인 삶을 위한 오늘의 마음가짐

우정이란 나눔과 공유를 통해
우리의 성공을 더욱 빛나게 하고, 고난을 덜어 주는 것이다.
― 키케로

1분을 비웃는 자는
1분 때문에 운다

시계는 지나간 시각을 다시 가리키지 않는다

돈이나 재물을 지혜롭게 사용하는 사람은 그리 많지 않다. 그러나 그보다 훨씬 적은 것은 시간을 지혜롭게 활용하는 사람이다.

그리고 시간을 지혜롭게 쓸 수 있는 것이 돈을 잘 쓰는 것보다 중요하다는 것은 이야기할 필요도 없다. 대개 젊었을 때는, 아직 시간은 충분히 있다거나, 아무리 낭비를 해도 없어지는 일은 없다고 생각하기 십상이다. 그러나 그것은 막대한 재산을 탕진해 버리는 것과 같아, 그것을 뒤늦게 깨달았을 때는 이미 허비한 시간을 다시 되돌릴 수가 없다.

윌리엄 3세, 앤 여왕, 조지 1세 시대에 명성을 날린 라운즈 재무대신은 생전에 이런 말을 자주 했었다. "1펜스를 업신여겨서는 안 된다. 1펜스를 비웃는 자는 1펜스에 울게 된다."

이것은 그대로 시간에도 해당되는 것이 아닐까?

"1분을 비웃는 자는 1분에 울게 될 것이다."

그러므로 아주 짧은 시간이라도 소홀히 여겨서는 안 된다. 10분이든 20분이든 그 시간을 소홀히 하면 하루에도 많은 시간을 낭비하는 결과를 초래하며, 그것이 1년간 지속되면 어마어마한 양의 시간이 되는 것이다.

'빈 시간'을 그냥 보내지 말아라

세상에는 쓸데없이 시간을 질질 끌며 요령 없이 보내는 사람이 너무나 많다. 그들은 안락의자에 기대앉아 하품만 해대며 '무엇인가를 시작하기에는 좀 시간이 모자라고……'라고 말한다. 그러나 이런 사람은 막상 시간이 나더라도 좀처럼 일을 시작하지 않는다. 결국 아무것도 하지 않고 시간은 흘러가 버린다. 불쌍한 사람이라고 할 수밖에 없다. 아마도 이런 사람은 공부를 하거나 일을 하더라도 결코 성공하는 일은 없을 것이다.

한가롭게 생활하는 것은 네 나이 때에는 아직 허용되지 않는다. 너는 말하자면 이 세상에 막 얼굴을 내민 것에 불과하다. 그러므로 적극적이고 근면하며 끈기가 있어야 한다.

앞으로의 몇 년 동안이 네 일생에 얼마나 중요한 의미를 갖는가를 생각하면 한순간이라도 소홀히 할 수가 없을 것이다.

그렇다고 해서 하루 종일 책상에만 달라붙어 있으라고 하는 것은 아니다. 무엇이든 좋으니까 그 무엇인가를 하고 있는 것이 중요한 것이다. 비록 짧은 순간일지라도 아무것도 하지 않고 보낸다면, 그 짧은 시간이 모였을 땐 상당한 손실을 가져올 것이다.

하루 중에서도 공부 시간과 노는 시간 틈틈이에 짧은 빈 시간이 몇 번인가는 있을 것이다. 그럴 때 우두커니 있지 말고 어떤 책이라도 좋으니까 손 가까이에 있는 책을 집어들고 읽도록 해라. 만화책같은 가벼운 책이라도 좋다. 아무것도 읽지 않는 것보다는 훨씬 유익하다.

'일의 순서'를 정하면 좋은 효과를 가져온다

나는 어떤 사업이나 사무에 있어 요술과 같은 능력이나 특수한 재능이 필요하다고 생각하지 않는다. 일의 체계와 근면함과 분별력만 있으면 재능만 있고 체계가 없는 사람보다 훨씬 훌륭하게 일을 처리해 나갈 수 있다고 믿는다.

너도 사회인으로서 첫걸음을 내디딘 이상, 빨리 모든 일에 체계적으로 진행시키는 습관을 길러야 한다. 일의 순서를 정하고 그것에 따라 추진해 나가는 것이야말로 일을 능률적으로 성취하는 비결이다.

모든 일에글을 쓴다든가, 책을 읽는다든가, 시간을 배분하는 것 등 순서를 정해야 한다. 그렇게 하면 네가 상상하는 것 이상으로 시간이 절약되고 능률이 향상되는 것을 경험할 것이다.

로버트 월폴 전 수상은 다른 정치인들 보다 10배나 더 많은 일을 했지만 정해진 체계에 따라 일을 했기 때문에 단 한 번도 당황하는 모습을 내보인 적이 없다. 일을 하는 순서가 완벽하게 정해져 있었기 때문이다. 아무리 훌륭한 능력이 있는 인물이라도 체계없이 일을 하면 머릿 속이 혼란해져 중도에 포기하게 된다.

내가 보기에 너는 좀 게으른 편이다. 이제부터는 게으르지 않도록 분발해 주기 바란다. 자기 자신을 잘 조절해서 우선 2주일 정도라도 좋으니, 일을 하는 방법과 체계를 세울 것을 권한다. 그렇게 하면 미리 정해 놓은 순서대로 일을 추진하는 것이 얼마나 편리하고 좋은 결과를 가져오는가를 알게 되어, 그 순서에 따르지 않고서는 일을 할 수 없게 될 것이다.

세상을 여는 지혜의 말 03

성실한 마음으로 물리칠 수 없는 고난이란 없다.

당당하게 놀고,
열심히 공부하라

부모는 인생의 길잡이

우리의 인생에 있어서 놀이와 오락은 대다수의 젊은이들이 한 번쯤은 걸리는 암초와 같은 것은 아닐까? 돛을 한껏 부풀리고 즐거움을 찾아 출항한 것까지는 좋았지만, 문득 정신을 차려 보니 방향을 가늠할 나침반도 없을 뿐만 아니라, 키를 잡는 데 필요한 지식도 없다. 이래 가지고는 목적지인 진정한 즐거움에 도달할 수 있을 리가 없다. 불명예스러운 상처만 입고 기진맥진해서 간신히 항구로 되돌아오는 것이 고작일 것이다.

이렇게 말하니 오해받을 것 같지만, 나는 금욕주의자처럼 즐거움을 혐오하고 싫어하는 사람도 아니며, 신부처럼 '쾌락에 빠져서는 안 된다'고 설교하는 사람도 아니다. 아니, 쾌락주의자에 가까워서 갖가지 놀이를 알려주고 마음껏 즐기라고 권하고 싶다. 이 말은 진심이다. 네가 원없이 즐기기를 바란다. 다만 나는 네가 그릇된 항로를 택하지 않도록 수정을 해 줄 뿐이다.

나를 친구라 생각하고 무엇이든 스스럼없이 얘기를 해 다오. 나는 너의 즐거움을 일일이 검열하는 따위의 짓은 하지 않는다. 오히려 인생의 길잡이로서 놀이에의 가교 역할을 해 주고 싶다.

놀이에는 '함정'이 도사리고 있다

젊은이는 자칫 잘못하면 자신의 기호와는 관계없이 외관만으로 즐거운 것을 선택하기가 쉽다. 극단적인 경우에는 방종이 곧 놀이라고 착각하는 청년까지 있다. 어쩌면 너도 그렇게 생각하고 있지 않을까? 예를 든다면, 술은 정신을 몽롱하게 만들고, 건강을 해치는 것인데, 음주를 좋은 놀이라고 너도 생각하고 있는 것은 아니냐? 그리고 도박이나 지나치게 여색에 탐닉하는 것도 재미있는 놀이의 한 가지로 생각하고 있는 것은 아닐까?

너도 알고 있겠지만 내가 지금 말한 것들은 모두가 가치 없는 놀이일 뿐이다. 그런데 그 가치 없는 놀이가 많은 젊은이의 마음을 사로잡고 있다. 그들은 잘 생각해 보지도 않고 남들이 오락이라고 부르는 것을 그대로 받아들여 버리기 일쑤다. 너의 나이에 놀이에

골몰하는 것은 지극히 당연하다 할 수 있고, 또 놀고 있는 모습이 어울리는 것도 확실하다. 그렇지만 젊기 때문에 대상을 잘못 선택하거나 잘못된 방향으로 돌진할 염려도 크다.

'놀기 좋아하는 한량처럼 보인다'는 것이 젊은이들에겐 크게 인기가 있지만, 그들은 과연 자기의 종착역을 알고나 있으면서 악에 물들기를 바라고 무절제를 되풀이하고 있는 것일까?

옛날에 어떤 젊은이가 훌륭한 한량이 되어 보려고 몰리에르^{프랑스의 희극 작가} 원작의 《몰락한 방탕아》를 보러 갔다. 주인공의 방탕 생활에 감탄한 이 사나이는 자기도 그렇게 되기로 결심을 한다. 주위에서 보다 못한 친구들이 '몰락한'은 떼어 버리고 '방탕아'만으로 만족하는 것이 좋지 않겠느냐고 설득해 보았지만 효과는 없었고, 그는 의기양양하게 이렇게 외쳤다고 한다.

"안돼, 안돼! '방탕아'만으론 안 된다구. '몰락한'이 붙어 있지 않으면 완벽한 방탕아가 될 수 없다니까!"

한심하다고 생각할지도 모르지만, 이것이 사실 많은 젊은이들의 현실인 것이다. 외관에만 사로잡혀서 스스로 생각할 여유도 없이 닥치는 대로 뛰어든다. 그리고 최후에는 정말로 몰락해 버리고 마는 것이다.

놀이에도 나름대로의 목적이 있어야 한다

아버지로서 숨기고 싶은 부끄러운 이야기이지만 너에게 도움이 될 것 같아 창피함을 무릅쓰고 나의 체험담을 얘기하겠다. 젊은 시절 나도 다른 사람들과 마찬가지로 나 자신의 기호와는 관계없이 '놀기 좋아하는 한량'으로 비쳐지기를 바랐던 어리석은 때가 있었다.

어리석기 짝이 없는 나는 본래 좋아하지도 않는 술을 '한량'으로 보이기 위해서 질탕하게 마셨고, 마시고 나면 기분이 좋아져서 또다시 술을 마시는 악순환을 계속했었다.

도박 또한 마찬가지였다. 돈에는 그다지 제약을 받지 않았기 때문에 돈을 따려고 도박한 적은 한 번도 없다. 다만 '도박을 한다'는 것이 신사의 필수조건이라는 생각에서 한 때 도박에도 빠져들었던 것이다.

그래서 싫증을 느끼면서도 인생에서 가장 충실했어야 할 시절을 그다지 좋아하지도 않는 도박에 질질 끌려 다니면서 보냈다.

비록 잠시 동안이라도 동경하는 인간상에 가까이 다가가기 위하여 겉치레 치장만을 하려고 했으니 참으로 어리석었다고 새삼 부끄럽게 생각한다. 아무튼 나는 그러한 어리석은 행위들이 떳떳하지 못함을 느꼈고, 마침내 무서운 생각까지 들어 술과 도박을 일거에 끊어버렸다.

젊은이들이 흔히 빠져들 수 있는 일종의 유행병에 걸려 의미없는 놀이에 뛰어든 나는 그 대가로 인생의 참된 즐거움을 모두 빼앗기고 말았지. 재산은 줄고 건강 또한 해쳤다. 나는 지금 그 모든 것이 하늘이 내린 벌이라고 생각한다.

나의 어리석은 체험담에서 너는 어떤 교훈을 얻었느냐? 나는 네가 네 자신의 즐거움을 선택하여 주었으면 하고 진심으로 바라고 있다. 절대로 놀이에 휘말려서는 안 된다.

현재 네가 즐기고 있는 놀이가 어떤 것인지 모두 생각해 보아라. 그리고 놀이를 그냥 그대로 계속하면 어떻게 될 것인가를 곰곰이 생각해 보기 바란다. 그러고 나서 그 놀이를 계속할 것인지 중지할 것인지는 너의 현명한 판단에 맡기겠다.

세상을 여는 지혜의 말 04

계획을 세우지 않은 목표는 한낱 꿈에 불과하다.

일의 기쁨을 아는 사람만이
진정한 '한량'이 될 수 있다

놀이는 목적이 아니다

참다운 놀이로 인생을 즐긴다는 것은 대단히 좋은 일이다. 네 자신의 놀이를 찾아내어 맘껏 즐기거라. 그렇지만 남의 흉내를 내서는 안 된다. 자기의 가슴에 손을 얹고 무엇이 진실로 즐거운가를 물어보고, 즐겁다고 생각되는 것을 하면 된다.

간혹 아무런 생각 없이 그냥 놀이에만 빠져 지내는 젊은이들이 있는데, 그런 사람은 아무런 기쁨도 느낄 수 없을 것이다. 진지하게 일에 몰두하고, 또 그것에서 즐거움을 찾을 수 있는 사람만이 놀이에서도 진정한 기쁨을 느낄 수가 있는 것이다.

그러나 놀기만 하는 인생은 탐탁지 않을 뿐더러 그 어떤 즐거움도 누릴 수 없다. 매일 매일을 열심히 일하며 사는 사람만이 곤한 심신을 놀이로 즐길 수가 있는 것이다.

지적 수준이 낮은 사람일수록 쾌락만을 탐닉하고 품위 없는 놀이에 빠져 몸과 마음을 망치는 법이다.

그러나 지적 수준이 높은 사람들은 즉, 품위를 지킬 줄 아는 사람들은 보다 자연스럽고 세련되며 품격 있는 놀이를 즐길 것이다. 그들은 알고 있다. 놀이라는 것은 단지 한숨 돌려 편안히 쉬는 것이며 열심히 일한 것에 대한 위로이자 포상이라는 것을 말이다.

낮에는 책에서, 저녁에는 사람에게서 배워라. 일과 놀이는 명확하게 시간을 나누는 것이 좋다. 공부나 일, 지식인이나 명사名士와 함께 앉아 진지하게 이야기하지 않으면 안 되는 대화 등은 아침 시간이 좋을 것이다.

그렇지만 일단 저녁 식사의 식탁에 앉으면 그 후부터는 휴식 시간이다. 특별한 일이 없는 한 네가 좋아하는 것을 하며 즐겨도 좋다. 마음이 맞는 동료들과 카드놀이를 하는 것도 좋다. 예의 있는 사람들이 상대라면 화목하고 즐거운 게임을 할 수 있을 것이다. 잘못되어도 싸움이 되는 일은 없을 테니까.

연극 관람이나 음악 감상도 좋다. 춤, 식사, 동료와의 즐거운 담소도 좋다. 틀림없이 만족할 수 있는 저녁 시간을 보낼 수 있을 것이다.

때로, 매력적인 여성들을 보고 뜨거운 시선을 보내는 것도 좋지만, 상대가 네 품위를 떨어뜨리지 않고, 나아가서는 너를 파멸의 길로 몰아 넣지 않는 여성이라면 더 이상 바랄 것이 없겠지. 상대가 너에게 쏠리는가 쏠리지 않는가의 문제는 너의 수완 여하에 달려 있다.

지금까지 말한 것들이 정말로 분별 있는 사람, 정말로 놀 줄 아는 사람이 즐기는 방법이라 할 수 있다. 이와 같이 아침에는 공부, 저녁에는 놀이로 시간을 구분하고, 놀이도 자기만의 것을 자기가 선택하게 되면 너도 훌륭한 사회인으로서 인정을 받을 것이다.

오전 내내 집중해서 착실하게 공부를 계속해 나간다면 1년 정도 지날 무렵에는 상당한 지식을 쌓을 수 있을 것이다. 그리고, 저녁의 친구와의 교제도 너에게 또 하나의 지식, 즉 세상에 관한 지식을 주게 될 것이다.

아침에는 책으로부터 배우고, 저녁에는 사람에게서 배우도록 해라. 이것을 제대로 실천하려면 한가하게 있을 시간은 없을 것이다. 나도 젊었을 때는 마음껏 잘 놀았고, 여러 부류의 사람들과도 잘 사귀었다. 나만큼 그런 일에 시간과 노력을 쏟아 부은 사람도 아마 드물 것이라고 생각한다.

그러면서도 이 아버지는 어떻게 해서든지 공부하는 시간만은 확보했다. 도저히 그럴 만한 시간이 없을 때는 수면 시간을 줄였다. 전날 밤에 아무리 늦게 잤더라도 그 이튿날 아침에는 반드시 일찍 일어났다. 이것을 철저하게 지켜 나갔다. 병에 걸린 때를 제외하고는 지금까지 40년 이상이나 그 습관이 지속되고 있다.

이제 너도 내가 놀이 따위는 절대로 안 된다고 주장하는 완고한 아버지가 아니라는 것을 알았을 것이다. 물론 나는 너한테 나와 같은 생각을 가져야 한다고 강요하지는 않겠다. 그런 의미에서 지금 나는 아버지라기보다는 친구로서 충고하는 것 같은 느낌이 드는 구나.

한 가지 일에
'전력'을 기울여라

만족감과 자부심을 가져라

얼마 전, 하트 씨로부터 네가 잘해 나가고 있다는 내용의 편지를 받았다. 내가 얼마나 기뻐하며 너를 자랑스럽게 생각하고 있는지 알겠니?

그러나 만일 당사자인 네가 나의 절반만큼도 만족감이나 기쁨을 느끼지 않고 있다면, 나는 정말 크게 실망할 것이다. 왜냐하면 만족감이나 자부심이 있어야만 스스로 공부에 힘쓸 수 있다고 믿기 때문이다.

하트 씨에 의하면, 너는 열심히 공부하고 있다는구나. 공부하는 자세가 잡혀졌고, 이해력도 생겼고, 그에 따라 응용력도 생겼다고 하더구나. 여기까지 왔으면 그 다음은 즐거움이 있을 뿐이다. 그 즐거움은 노력하면 할수록 훨씬 더 커질 것이다.

일을 할 때, 한 번에 한 가지씩만 해라

그동안 너에게 귀가 따가울 정도로 말해 주었던 것이니 잘 알고 있겠지만, 무엇인가 일을 할 때에는 그것이 어떠한 일이든 오직 그 일에만 집중하는 것이 중요하다. 그 이외의 일을 절대로 생각해서는 안 된다.

이것은 공부에 한해서만 말하는 것이 아니다. 놀이도 마찬가지다. 놀이도 공부와 마찬가지로 열심히 하기 바란다. 어느 쪽도 열심히 할 수 없는 사람은 어느 쪽도 발전할 수 없고 또 어느 쪽으로부터도 만족감을 얻지 못할 것이다.

그때그때의 대상물에 마음을 집중시킬 수 없는 사람, 집중시키지 않는 사람, 그 이외의 일을 머리에서 쫓아내지 못하는 사람, 쫓아내지 않는 사람, 그런 사람은 일도 할 수 없을 것이고 놀이에도 능숙하지 못할 것이다. 한 번에 한 가지 일만 처리하려 든다면 하루에도 여러 가지 일을 할 수가 있다. 그러나 한 번에 두 가지 일을 하려고 하면 1년이 있어도 시간이 모자라는 법이다.

정부의 법률고문이었던 드 위트 씨는 나랏일을 거의 혼자 도맡아 하다시피 했음에도 그 일을 빈틈없이 잘 처리했을 뿐만 아니라 지역 모임이나 여러사람과의 만찬에도 빠짐없이 참석했다. 그 때 누군가에게 도대체 어떤 식으로 시간을 활용하고 있는가 하는 질문을 받은 그는 이렇게 대답했다고 한다.

"별로 어려운 방법은 없습니다. 다만 한 번에 한 가지 일만을 할 뿐입니다. 그리고 오늘 할 수 있는 일을 절대로 내일로 미루지 않습니다. 오직 그것뿐입니다."

다른 일에 정신을 흐트러뜨리지 않고 오직 한 가지 일에만 확실히 집중할 수 있는 위트 씨의 능력은 실로 대단하다고 생각한다. 이와는 반대로 침착하지 못하고 정신을 한 곳에 집중시키지 못하는 사람은 자신을 스스로 대수롭지 않은 사람에 불과하다고 시인하는 것이나 다름없지 않겠느냐?

정신력을 최대한 집중시켜라

세상에는 하루 종일 바쁘게 움직였는데도 잠자기 전에 생각해 보면 아무것도 한 일이 없는 것처럼 느껴지는 사람이 적잖이 있다. 이런 사람들은 두세 시간 독서를 한다해도 눈만 종이 위를 달리고 있을 뿐 머리는 그곳에 없는 경우가 많다. 그러므로 나중에 무엇을 읽었는지 기억을 더듬어보아도 내용이 생각나지 않아 그 책을 논할 수도 없다.

누군가와 만나서 이야기하고 있을 때도 마찬가지여서 자기 스스로 적극적으로 대화에 참여하려고 하지 않는다. 이야기하고 있는 상대를 관찰하는 일도 없고, 이야기의 내용을 정확히 파악하는 일도 없다. 그들은 그 자리와 관계없는 일, 그리고 그것도 쓸데없는 일을 생각하고 있는 것이다. 아니, 전혀 아무것도 생각하고 있지 않다고 말하는 편이 옳을 지도 모르겠다.

그리고 그것을 "아니, 지금 잠깐 깜박 하고 있어서……."라든가 "다른 일을 생각하고 있어서……." 따위의 말로 얼버무리며 체면을 세운다. 이런 사람은 극장에 가도 가장 중요한 장면은 보지 않고 함께 간 사람들이나 조명에만 눈을 빼앗겨 버린다.

너는 제발 그런 일이 없도록 해라. 사람과 만나 이야기하고 있을 때도 공부하고 있을 때와 마찬가지로 정신을 집중시키기 바란다. 공부할 때는 읽고 있는 책에 주의를 기울이고, 그 내용을 잘 파악하며 사람과 만나고 있을 때는 보고 듣는 것 모두에 주의를 기울이는 것이 중요하다. 어리석은 사람들이 흔히 말하듯이, 정작 자기의 눈앞에서 들은 말과 일어난 일에 주의를 기울이지 않고 있다가, "다른 일을 생각하고 있어서 알아차리지 못했습니다……" 따위로 말해서는 절대로 안 된다.

결국 이런 사람들은 '다른 일'도 생각하고 있지 않았던 것이다. 머리가 텅비어 있는 사람들이다. 문제는 이런 부류의 사람들은 놀이나 일, 그 어느 것에도 정신을 집중하지 못하며, 늘 정신이 산만하여 둘 중 그 어느 것에도 능하지 못하다는 것이다.

이런 사람은 노는 사람과 함께 있으면 자기 자신도 놀고 있다는 착각에 빠지고,, 해야 할 일이 있으면 그 자체만으로 자기는 지금 일을 하고 있다는 착각에 빠지는 경향이 있다.

무슨 일이든 기왕 하려고 마음을 먹었으면 열심히 하지 않으면 안 된다. 어중간하게 하려면 아예 하지 않는 편이 훨씬 낫다. 중요한 것은 자기가 하고 있는 일에 집중하는 일이다. 일은 할 가치가 있는가 없는가 중의 어느 한 쪽이지 중간은 없다.

일단 '하겠다'고 결심했으면, 상대가 누구이든 간에 눈과 귀를 똑바로 집중시켜야 한다. 말하는 것을 한 마디도 놓치지 않겠다는 마음가짐과, 눈앞에서 일어나고 있는 일은 하나도 빠짐없이 확실하게 보겠다는 마음가짐이 중요하다.

단돈 몇 푼으로
'인생의 지혜'를 얻는 법

슬기로운 사람은 돈과 시간을 헛되게 쓰지 않는다

너도 이제 서서히 성년이 되어 가고 있으므로 앞으로 내가 너에게 어떻게 돈을 보낼 계획인가를 설명하겠다. 그렇게 하면 너도 그에 따라서 계획을 세우기가 쉬워질 것이다. 나는 네 공부에 필요한 비용, 그리고 사람을 만나는데 드는 교제 비용에 대해서는 한 푼도 아끼지 않을 것이다.

공부에 필요한 비용이란 필요한 책을 사는 돈과 우수한 선생에게 배울 돈을 말한다. 이 속에는 여행지에서 만난 현명한 사람들과 교제하기 위한 비용 즉, 숙박비, 교통비, 의류비, 서비스료 등도 포함될 것이다.

사람과의 교제에 드는 돈이라는 것은 '지적인' 교제에만 해당하는 것이다. 이를테면 불우한 사람들을 위한 자선금이나 신세를 진

분들에 대한 사례 그리고 앞으로 신세를 지게 될 분에 대한 선물에 드는 비용이 그렇다.

교제하는 상대에 따라서 필요하게 되는 비용, 이를테면 연극을 관람하러 가는 비용이나 놀이의 비용, 사격 따위의 게임에 드는 비용, 기타 돌발적인 비용도 필요할 것이다. 내가 절대로 용납하지 않는 돈은 시시한 싸움을 했기 때문에 필요하게 된 돈과, 빈둥거리며 시간을 보내기 위한 돈이다.

현명한 사람은 자신의 명예를 손상시키는 종류의 돈, 자기에게 도움이 되지 않는 돈은 쓰지 않는 법이다. 그러한 데에 돈을 쓰는 사람은 어리석기 짝이 없는 자들뿐이다.

지혜로운 자는 돈도 시간도 똑같이 낭비 없이 사용한다. 단 한 푼도 헛되이 쓰지 않는다. 자신이나 사람들을 위해 도움이 되는 것, 지적인 기쁨을 얻을 수 있는 것에 돈을 써야 된다는 것을 꼭 명심하거라.

현명한 '금전 철학'을 익혀 두어라

돈이라는 것은 아무리 많이 있어도 확고한 '금전 철학'을 가짐과 동시에 세심한 주의를 기울여 사용하지 않으면, 최소한도의 물건조차도 제대로 사지 못하게 된다. 그와 반대로, 설사 돈이 조금밖에 없어도 자기 나름대로의 철학이나 올바른 쓰임새를 안다면 최소한의 것은 충족 된다.

그 다음은 돈의 지불 방법인데, 될 수 있는 대로 현금으로 지불하는 것이 좋다. 그것도 누구를 통해서가 아니라 자기가 직접 지불하는 것이 좋다. 또한 부득이 '외상'으로 달아 두었다가 지불해야 할 경우도술집이나 양복점 등 매월 반드시 자기가 직접 지불하는 것이 좋다.

그리고 또한 필요하지도 않은데 값이 싸다는 이유로 불필요한 물건을 사는 일은 없어야 한다. 그런 짓은 절약도 아무것도 아니다. 오히려 돈을 낭비하는 것이다.

자기가 산 것과 지불한 대금은 노트에 기록하는 것이 좋다. 돈의 출납을 파악하고 있으면 적어도 파산하는 일은 없다. 그렇다고 해서 교통비라든가 오페라를 보러 가서 사용한 푼돈까지 기록할 필요는 없다. 그것은 시간 낭비일 뿐만 아니라 잉크 값도 아깝다.

이것은 가계뿐만 아니라 다른 모든 일에도 해당되는 말이지만, 관심을 가질 가치가 있는 것에만 관심을 갖는 것이 중요하다. 쓸데 없는 것에는 관심을 기울일 필요조차 없다.

세상을 여는 지혜의 말 06

모두가 중요한 존재이다.
어느 누구보다 더 중요한 사람은 존재하지 않는다.

4장

자기의 관념이 굳어지기 전에 해야 할 일

쓰러지느냐 쓰러지지 않느냐가 중요한 것이 아니라,
쓰러졌을 때 다시 일어서는 것이 중요하다.
— 빈스 롬바르디

역사에서 우리가
배워야 할 것들

역사적 진실 규명의 한계

프랑스 역사에 관한 너의 고찰은 참으로 훌륭했다. 무엇보다도 내가 기뻤던 것은 네가 책을 읽을 때 줄거리 파악에만 그치지 않고, 그 내용에 관해서도 깊이 생각을 했다는 사실이다.

책을 읽을 때 자기 스스로 판단하지 않고, 쓰여 있는 것을 그저 머리 속에 집어넣기만 하는 사람이 많다. 그렇게 하면 정보만 닥치는 대로 쌓여질 뿐 머리 속은 잡동사니 창고처럼 너저분하게 되어 버린다. 그래서 잘 정돈된 방처럼 필요한 지식을 필요할 때 바로 꺼내어 활용할 수가 없다.

저자의 이름이나 명성만 보고 책 내용을 그냥 받아들이지 말고 지금 네가 하고 있는 독서식으로 거기에 쓰여 있는 내용이 얼마나 정확한가, 저자의 고찰이 얼마나 옳은가를 정확하게 판단하기 바란다.

하나의 역사적 사실에 관해서는 여러 권의 책을 조사·연구하여 거기에서 얻어진 정보를 종합해서 자기의 의견을 갖도록 하는 것이 좋다. 기껏해야 거기까지가 역사라는 학문에 손이 미치는 범위라고 나는 생각하고 있다. 유감스럽게도 '역사적인 진실'을 규명한다는 것은 실제로 불가능한 일이다.

역사책을 읽어 보면 역사적 사건의 동기나 원인이 기록되어 있는 경우가 있는데, 그것을 아무런 판단없이 곧이 곧대로 믿어서는 안 된다. 그 사건과 연관된 인물의 사고방식이나 이해관계를 추론해 본 다음, 저자의 고찰이 옳은지 어떤지, 아니면 그 밖의 다른 동기의 가능성은 없는가를 스스로 가늠해 보는 일이 중요하다.

그때 비록 비굴한 동기이거나 사소한 원인일지라도 이를 간과해서는 안 된다. 왜냐하면 인간이란 복잡미묘한 모순투성이의 존재이기 때문이다. 따라서 감정은 즉흥적이기 쉽고, 의지는 박약하며, 마음이란 신체의 건강상태에 의해서 좌우되는 경우가 많다. 말하자면 인간이란 한결같은 것이 아니라, 그 때 그 때에 따라 변하는 것이다. 아무리 훌륭한 사람이라도 보잘 것 없는 면이 있고, 하잘 것 없이 보이는 사람이라도 어딘가에 장점이 있어, 엄청나게 훌륭한 일을 할 때도 있는 것이다. 그것이 바로 인간인 것이다.

그런데 우리들은 역사적 사건의 원인을 규명할 때 보다 더 고상한 동기를 찾으려고 하는 경향이 있다. 그럼에도 불구하고 역사학의 대가라고 스스로를 내세우는 사람들은 역사적인 대사건뿐만 아니라 아주 사소한 사건에까지 깊은 정치적 동기를 적용시켜 버린다. 이것은 참으로 가소로운 일이라고 생각한다.

인간은 모순투성이인 것이다. 그러니 항상 인간적으로 좋은 쪽으로만 행동하는 것은 아니다. 현명한 인간이 어리석은 행동을 할 때도 있고, 어리석은 인간이 현명한 일을 하는 경우도 있다. 모순된 감정을 가지고 있어 그것이 계속 바뀌는 것이 인간이다.

다시 말해, 그날그날의 몸의 건강상태와 정신상태에 따라 변하는 것이 인간인 것이다. 그런데도 가장 가능성이 많은 동기니까 라든가 또는 매듭 짓기가 좋은 동기니까 라고 하며, 고상한 동기를 갖다 붙이려는 것은 잘못이라고 생각한다. 맛있는 식사를 하고, 잠을 잘 자고, 맑게 갠 아침을 맞이하였다는 이유만으로 영웅적인 활동을 하는 사나이가 소화가 안 되는 식사를 하고, 잘 자지 못하고, 게다가 아침에는 비가 왔다는 이유만으로 아주 쉽게 겁쟁이로 변해 버리는 경우도 있는 것이다.

그러므로 인간 행위의 진정한 이유는 아무리 규명하려고 해도 억측의 영역을 벗어나기는 어렵다고 생각한다. 기껏해야 이러저러한 사건이 있었다고 하는 것만이 우리들이 알 수 있는 것이요, 안 것 같은 기분이 될 수 있는 것이다.

역사는 올바른 판단력과 분석력을 기르는 최고의 자료이다

회의적인 시각에서 볼 때 역사적 사실 그 자체 또한 의심스럽게 생각되는 경우가 더러 있다. 적어도 그 사실과 결부되어 있는 배경에 관해서는 거의 의심의 눈으로 보고 있다. 매일매일 자기가 경험하는 것을 생각해 보면 좋다. 역사라고 하는 것이 얼마나 신빙성이 희박한 것인가를 쉽게 알 수 있을 것이다.

예를 들어 최근에 일어난 사건에 대해서 몇 사람인가가 증언을 할 때 그들이 증언하는 사실이 완전히 일치하는가? 그렇지 않을 것이다. 왜냐하면 그들 중에는 사건을 착각하고 있는 사람도 있을 것이고, 증언을 할 때 뉘앙스가 달라지는 사람도 있을 것이다.

자기 의견에 맞는 증언을 하는 사람이 있는가 하면, 마음이 변하여 왜곡된 증언을 하는 사람도 있을 수 있기 때문이다. 그리고 증언을 기록하는 서기들도 공정하게 기록할 것이라고는 믿을 수가 없는 것이다. 그런 맥락에서 역사학자 또한 공정하게 역사를 기록할지는 의문이다. 자신의 지론을 일관되게 전개해 나가고 싶을 수도 있고 그 장을 짧게 결론 짓고 싶어할는지도 모른다. 흥미로운 일은 프랑스의 역사서 각장의 초두에 '이것은 진실이다'라는 구절이 꼭 들어가 있다는 점이다.

그러므로 역사학자의 이름만으로 모든 것이 옳다고 생각하지 않는 것이 좋다. 자기 스스로 분석하고, 스스로 판단하는 능력이

중요하다. 그렇다고 해서 역사에 대해서 공부할 필요가 없다고 말하는 것은 아니다. 만인이 인정하는 역사적 사실이라는 것은 존재하며, 사람들의 입에 오르내리는 역사책은 반드시 읽어 두는 것이 좋다.

한편 역사학자가 그렇게 기술했기 때문에 아무도 믿지 않고 있는 일이 당연한 일처럼 화제에 오르내리고, 책에도 기록되는 일들이 있다. 그렇게 해서 정착한 것이 이교도 신학이다. 주피터, 마르스, 아폴로 등 고대 그리스 신들도 그렇다. 우리는 그들이 만일 실존하였다 해도 보통의 인간이었다고 생각하고 있다.

역사를 보는 시각이 아무리 회의적이라 할지라도 이처럼 널리 알려진 역사적 사실에 대해서는 제대로 공부할 필요가 있다. 아니, 오히려 역사는 인간이 사회를 살아가는 데 있어 그 어떤 학문보다도 가장 가치 있는 학문인지도 모른다.

과거의 시각으로 현재를 보지 말라

과거에도 그랬으니까 현재도 그렇다고 단정지어 말해서는 안 된다. 과거에 있었던 일을 거울삼아 현재의 문제를 검토하는 것은 좋은 방법이다. 하지만 그렇게 하려면 무엇보다 신중해야 된다.

과거에 있었던 사건의 진상을 아무리 명백하게 규명한다 해도 그 진의를 알기란 쉽지가 않다. 기껏해야 '추측'정도가 고작이다. 무엇이 원인인가 따위는 알 도리가 없다. 우선 과거의 증언은 현재의 증언에 비하면 훨씬 애매한 법이다. 게다가 시대가 오래되면 될수록 신빙성도 희박해지는 것을 피할 수 없다. 저명한 학자들 중에는 공사公私를 불문하고 그것이 비슷하다는 이유 하나만으로 아무런 검증 없이 과거의 사례를 인용하는 사람이 있다. 이것은 정말 어리석은 짓이다.

그들은 생각해 본 적도 없겠지만, 천지창조 이래 이 세상에 똑같은 사건이 일어난 예는 한 번도 없었던 것이다. 게다가 어떠한 역사가라 할지라도 사건의 전모를 기록한 사람은 없으니까전모를 파악한 사람조차 없을 것이다 그것을 근거로 한 논쟁 따위는 무의미한 것이다. 그렇기 때문에 옛날 어느 학자가 기록했으므로, 또 어느 시인이 썼으니까 하는 이유만으로 인용해서는 안 된다.

모든 사물은 저마다 다르므로 그것을 논할 때에는 각각 논해야 한다. 비슷하다고 생각되는 예를 참고로 하고 싶다면 해도 좋다. 그러나 어디까지나 참고로 그쳐야지 그것을 판단의 근거로 삼아서는 안 된다.

역사에서 배우는
중요한 교훈들

역사 공부는 어떻게 해야 할까?

지금까지 역사에 대해 여러 가지 말을했지만, 과거의 역사를 공부하는 것은 참으로 중요하다. 세인들에게 널리 알려진 역사적인 사건은 명망 있는 역사학자의 저서를 통해 공부하는 것이 바람직하다. 그것이 옳든 그르든 간에, 우선 지식으로 알아두는 것이 중요하다.

그런데 역사의 공부 방법이 문제인데, 너는 어떻게 공부를 하고 있느냐? 어떤 사람은 시간과 노력의 절약을 위해 역사적인 대사건만을 중점적으로 공부하고 나머지는 대충 줄거리만 훑어보는 반면, 전체적으로 역사적 사건을 두루 섭렵하는 사람도 있다.

그러나 나는 다른 방법을 권하고 싶다. 먼저 국가별로 간단한 역사책을 읽어 대략적인 개요를 파악한다.

　그와 병행하여, 특히 중요한 요점, 예를 들어 어디를 정복했다든가, 왕이 바뀌었다든가, 정치 형태가 바뀌었다는 등 중요하다고 생각되는 것들을 뽑아낸다. 그리고 그 뽑아 낸 사항들에 관해서 자세히 기록된 논문이나 역사책들을 집중적으로 파고든다. 그 때는 스스로 깊이 통찰하는 것이 중요하다. 그리고 원인을 찾아내서 그것이 어떤 일을 야기시켰는가를 생각하는 것이 중요하다.

인생의 지혜를
터득하는 '독서 습관'

'사회'라는 책에서 얻는 지식

우리가 속해 있는 사회는 한 권의 책과 같다. 지금 내가 너에게
권하고 싶은 책은 바로 '사회'라는 이름의 책이다. 이 사회라는 책
에서 얻어지는 지식은 지금까지 출판된 모든 책 속에 담겨 있는
지식보다 훨씬 큰 도움이 될 것이다.

그러므로 훌륭한 사람들의 모임이 있을 때에는 네가 지금 읽고
있는 책이 아무리 큰 지식을 담고 있다 해도 우선 덮어두고 그 모
임에 나가는 것이 바람직하다. 그렇게 하는 것이 책에서 얻을 수
있는 지식보다 몇 배나 더 큰 공부가 된다.

그렇지만 갖가지 일과 오락 등 떠들썩한 환경 속에서 살아가고
있는 우리들이라도, 하루의 생활 속에서 잠시 숨을 돌릴 수 있는
자유로운 시간이 약간은 있는 법이다.

그리고 그러한 시간에 책을 읽는 일이야말로 더할 나위 없는 안식이요, 기쁨이라고 말하는 지적 인간도 있을 것이다. 그 얼마 안 되는 시간을 활용해서 어떻게 독서를 할 것인가를 네게 몇 가지 요점을 통해 설명하고자 한다.

우선 시시하고 따분한 책에 시간을 빼앗기는 일은 삼가는 것이 좋다. 그러한 책들은 알맹이가 없고, 유식한 척하는 저자가 역시 태만하고 무식한 독자를 겨냥해서 쓰는 경우가 수없이 많다. 이런 책은 정신적인 독약으로 아무 쓸모가 없다.

효과적인 독서 방법

책을 읽을 때에는 목적을 하나로 집중시켜 그 목적을 달성할 때까지는 다른 분야의 책에는 손을 대지 말아야 한다. 너의 장래를 생각한다면, 예를 들어 현대사 중에서도 특히 중요하고 흥미를 끄는 시대를 몇 단락 뽑아 내서 그것을 순서대로 익혀 가는 방법은 어떨까?

그렇게 작정했다면 그것에 관한 책 이외에는 일체 손대지 말고 신뢰할 수 있는 역사책이나 문서, 회고록, 문헌 등을 체계적으로 읽고 비교하는 것이 좋다.

　그렇다고 이런 종류의 연구에 많은 시간을 소비하라고 말하는 것은 아니다. 색다른 방법으로 자유로운 시간을 유효하게 사용할 수 있다면 그것은 그것대로 좋다. 다만 독서의 효과적인 면을 보자면 한꺼번에 여러가지 테마를 추구하기보다는 하나의 테마로 집약해서 체계적으로 추구해 나가는 것이 보다 능률적이라는 의미이다.

　여러 종류의 책을 읽다 보면 내용이 상반되거나 모순되는 점이 발견되는 경우도 있을 것이다. 그럴 때에는 유사한 다른 책을 참고해 보는 것이 좋다. 그것은 문제의 핵심을 벗어나는 것이 아니라 오히려 그 내용을 명확하게 파악할 수 있는 방법이기도 하다.

　예를 들어, 어떠한 사실에 대해 독서를 하는데 도무지 머릿속에 들어오지 않는 경우가 있을 것이다. 그러나 같은 책이라도 정치인들·사이에 화젯거리가 되거나 논쟁의 대상이 될 때, 그 책이나 그것에 관련된 책을 읽은 연휴에 사람들을 통해서 얘기를 듣게 되면 네가 미처 파악하지 못했던 것들이 입체적으로 머릿속에 들어오는 수가 있다.

그렇게 얻어진 지식은 의외로 완벽한 것이 된다. 그리고 좀처럼 잊혀지지 않을 것이다. 그런 뜻에서 사건 등이 일어난 현장으로 찾아가서 직접 얘기를 듣고 오는 것도 좋은 방법이다.

네가 사회인이 되고 나서의 독서법에 대해서 유의해야 할 점을 세가지 항목으로 요약해서 말해주겠다.

> 첫째, 사회로 첫걸음을 내디딘 다음에는 그다지 많은 책을 읽을 필요는 없다. 그보다는 여러 계층의 사람들과 교제를 함으로써 직접 정보를 수집하는 것이 좋다.
> 둘째, 유익하지 않은 책은 절대로 읽을 필요가 없다.
> 셋째, 네가 원하는 한 가지 테마를 선택해서 그것과 관련된 책을 집중적으로 읽도록 해라.

이상의 세가지 요점을 지킨다면 하루 30분의 독서로도 충분할 것이다.

세상에서 배운
지식이야말로 '참지식'이다

여행의 진정한 목적을 이루는 사람들

만일 이 편지가 무사히 너에게 전달될 즈음이면 아마 너는 베니스에서 로마로 갈 준비를 하고 있겠구나.

먼젓번 편지에 하트 씨에게도 부탁을 했었지만 로마까지는 아드리아 해를 따라 리미니, 로레토, 앙코나를 거쳐 가면 좋다. 어느 고장이나 둘러볼 가치가 있는 곳이다. 그러나 오래 머무를 정도는 아니다. 가서 보기만 하면 충분할 것이다.

그 근처에는 고대 로마의 유물, 이름이 알려진 건축물과 회화 및 조각 등이 많이 있어 어느 것도 놓칠 수가 없으니 눈여겨보고 오거라. 겉으로 보기만 하면 되니까 오랜 시간은 걸리지 않을 것이다.

그렇지만 세밀히 살펴보아야 할 것도 있으므로 시간과 주의력

이 필요하다.

젊은이들은 경솔하고 주의력이 부족한 까닭에 무엇이든 건성으로 보기 십상이다. '보아도 보이지 않고 들어도 들리지 않는다'는 말이 있다. 수박 겉핥기 식으로 보거나 우이독경牛耳讀經 식으로 들을바엔 차라리 보지도 듣지도 않는 편이 낫지 않겠느냐?

그러한 점에서, 네가 보내 준 여행기를 보니 너는 여행을 간 곳에서 잘 관찰하고 있고, 여러가지 의문을 가지고 있는 듯하구나. 그것이야말로 여행의 진정한 목적이라고 말할 수 있다.

여행을 해도 이곳 저곳을 옮겨만 다닐 뿐, 다음 목적지까지 얼마나 떨어져 있나, 그리고 묵을 곳은 어디인가 하는 등등에만 정신이 팔려 있는 사람은 진정한 여행을 하는 것이 아니다.

또한 여행지에서 본 성당의 높은 첨탑이나 아름다운 시계, 호화로운 저택따위 등 겉모양에만 눈치레를 했다면 그 또한 진정한 여행을 했다고도 할 수 없다. 그런 것들을 보기 위해 여행을 떠난다면 차라리 집에 있는 편이 나을 것이다.

어디를 가든지 그 고장만의 특이한 풍습이나 다른 고장과의 차이점, 교역, 특산물, 정치 형태, 법률 등을 자세하게 관찰하고 오는 사람이 있다. 또한 그 지방의 유명 인사와 깊이 교류하고, 그 지방의 독특한 예의범절이나 현지인들의 품성까지도 이해하고 돌아오는 사람도 있다. 이들이야말로 여행의 진정한 목적을 이룬 사람들이다. 그리고 이런 사람들은 더 현명해져서 돌아온다.

여행을 할 때는 '호기심 많은 인간'이 되어라

로마는 인간의 감정이 다양한 형태로 생생하게 표현되어 그것이 아름다운 예술로 승화된 도시다. 세상에 그런 도시는 좀처럼 보기 힘들다.

로마는 단 1분의 관광을 위해서도 열흘 동안의 정보수집이 필요한 곳이다. 로마 제국의 본질, 교황이 움켜쥐었던 권력의 흥망성쇠, 궁정의 정책, 추기경의 책략, 교황 선출을 위한 추기경 회의의 비화, 그리고 절대적인 힘을 자랑했던 로마 제국의 내면적인 것이라면 무엇이든 좋다. 무엇에든지 깊이 파고들어가 보도록 하거라.

어느 고장에도 그 고장의 역사와 현재의 상황에 관해서 간단히 소개한 소책자가 있으니 그것을 먼저 숙지해두면 좋다. 그것을 읽고서 더 자세히 알고 싶은 것이 있으면 그 고장 사람들에게 직접 물어보면 된다.

그렇다, 모르는 점이 있으면 그 고장에 정통한 사람들에게 물어보는 것이 최상의 방법이다. 책이란 아무리 자세히 기록되어 있다 하더라도, 완벽한 정보를 제공하지는 못한다. 그렇다고 해서 그 책자가 읽을 가치가 없다는 뜻은 아니다. 그것을 읽으므로써 모르던 고장을 알 수 있기 때문이며, 그 책자를 읽지 않았더라면 아예 알 수조차 없었던 그런 지식들 또한 들어 있다.

만일 군대에 관한 지식이 필요하다면 프랑스군 장교에게 물어보면 좋다. 어떠한 사람도 대개는 자기 직업에 각별한 애착을 갖고 있으므로 그에 대한 이야기를 나누는 것을 싫어하지는 않을 것이다. 개중에는 자기 직업과 연관된 이야기가 나오면 절로 신바람이 나서 다 드러내놓고 이야기하는 경우도 있다.

그러므로 어떤 모임에서 군인을 만나는 경우가 있다면 여러 가지로 물어보는 것이 좋다. 훈련법, 야영 방법, 군복의 배급 방법, 혹은 급료, 검열, 야영지 등 알고 싶은 것은 무엇이든 물어보는 것이 좋다. 알아두어서 손해가 될 것은 없기 때문이다. 몸에 익힌 해외

의 정보가, 영국으로 돌아왔을 때 얼마만큼 너를 돋보이게 하고,
실제로 해외 교섭에 얼마만큼 도움이 될지 한번 상상해 보아라. 상
상 이상일 것이라고 나는 생각한다.

세상을 여는 지혜의 말 07

자만심은 분노를 낳지만 그 이상으로 멸시를 낳는다

여행은 산 지식을
넓히는 무대이다

여행을 할 때는 분별 있는 행동을 해라

하트 씨의 편지에는 언제나 너를 칭찬하는 말이 많이 있는데, 이번 편지에는 특히 나를 기쁘게 하는 얘기가 적혀 있더구나. 로마에 있는 동안 너는 이탈리아 인의 기존 사회에 동화하려고 노력한 반면 한 영국 부인의 제의로 결성된 영국인들의 집단에는 가입하지 않으려고 했다지? 너의 이러한 행동은 내가 왜 너를 외국으로 여행을 보냈는가 하는 취지를 잘 이해한 너의 분별력 있는 행동이라고 나는 느꼈다. 대단히 기쁘구나.

세계 여러 나라의 인간을 아는 편이 한 나라의 인간만으로 만족하는 것보다 훨씬 좋다. 이러한 분별 있는 행동을 어느 나라에 가더라도 계속하기를 바란다.

특히 파리에는 30명이 아니라 300명 이상의 영국인들이 집단을 이루어 살고 있는데, 프랑스 사람들과 대화를 나누는 일도 거의 없이 자기네들끼리만 생활하고 있다고 한다. 이러한 생활을 되풀이하고 있으니, 프랑스어를 할 줄 모르는 그들이 말을 배울 수 있을 리가 만무하다.

그런 형국이니, 본국으로 돌아와서도 타고난 급한 성미는 더 격해질 뿐이고, 본디 없었던 지식도 더 늘어날 리가 없다. 그래도 외국 바람을 쐬었다는 것을 자랑하고 싶은 마음만은 남다른 듯하여 함부로 프랑스어를 사용하고 옷도 프랑스식으로 치장을 하지만, 모두가 엉터리고 꼴불견이다. 이래서야 모처럼의 해외생활도 물거품이 될 수밖에 없다. 그렇게 되지 않도록 너는 프랑스에 있는 동안에는 프랑스 사람들과 사이 좋게 교제하기를 바란다.

여행지의 '진짜 얼굴'을 보아라

이렇게 말은 하지만, 고작 일주일이나 열흘간, 마치 철새처럼 잠시 머무른 것만으로는 즐기기는커녕 상대편과 친근해지는 것은 바랄 수가 없다. 받아들이는 쪽도 그렇게 짧은 기간으로는 친구가 되는 것을 주저하게 될 것이다.

그 정도면 그래도 괜찮다. 서로 알게 되는 것조차 삼가려고 했

다 하더라도 할 말이 없다. 하지만 몇 개월 동안 체류하는 경우에는 이야기가 달라진다. 그 고장 사람들과 스스럼없이 사귈 시간이 많아지므로 당연히 '이방인'이라는 선입견은 없어지게 된다. 이것이 여행의 진정한 묘미가 아니겠니? 어디를 가든 그곳 사람들과 격의 없이 사귀고 그 사회에 융합되어 그 고장 사람들의 평소의 참모습을 제대로 볼 수 있어야 한다.

이것이 바로 그 고장의 관습을 알고, 예절을 이해하고, 다른 고장에는 없는 특성을 아는 유일한 방법이 아닌가 생각한다. 이러한 것은 단 30분 정도의 형식적인 공식 방문 정도로는 결코 얻을 수 없는 것이다.

세계 어디를 가나 인간이 지니고 있는 본래의 성질은 비슷하다.

단지 다른 점이 있다면 그것을 어떻게 표현하는가이다. 그것은 그 고장의 특성이나 환경에 따라 서로 다른 형태로 표출된다. 우리들은 그 갖가지 언어나 풍습에 두루두루 익숙해져야 한다.

예를 들어, '야심'이라는 감정이 있는데, 이것은 어떤 인간이든 다 가지고 있는 것이다. 그렇지만 그것을 만족시키는 수단은 교육이나 풍습에 따라 다르다. 예의를 지킨다고 하는 마음도 기본적으로는 누구나 가지고 있는 감정이다. 그렇지만 그 마음을 어떻게 표현하느냐 하는 것은 어디에서나 같을 수 없다.

영국의 국왕에게 절을 하는 것은 존경의 뜻을 표명하는 것이 되지만, 프랑스 국왕에게 절을 하는 것은 예의에 어긋나는 결례가 된다. 황제에게는 존경의 뜻을 표하여 절을 하는 것이 원칙이다.

전제 군주 앞에서는 엎드려 큰절을 하는 나라도 있다. 이처럼 예의범절은 고장에 따라, 시대에 따라, 사람에 따라 다르다. 그렇다면 그 예의범절은 어떻게 해서 생겼난 것일까? 그것은 인간 감정의 자연적 발생에 기인한 것이라고 말할 수밖에 없다. 아무리 현명하고 분별 있는 사람이라도 그 고장 고유의 예의범절을 배우지 않고 표현할 수는 없다.

그것을 할 수 있는 사람은, 실제로 그 고장에 가서 직접 눈으로 보고 몸으로 체험한 사람뿐이다.

예의범절이 엄연히 존재하는 이상, 그것에 따라야 한다. 이것은 왕이나 황제에 대한 예의에 관해서만 말하고 있는 것이 아니다. 모든 계급에 관습과 같은 것이 있을 것이다. 그 관습에는 따르는 것이 좋다.

예를 들면, 사람들의 건강을 축하하여 건배한다는 저 바보스런 행동은 거의 어느 고장에서나 볼 수 있는 관습이다. 내가 가득히 한 잔의 술을 마시는 일과 누군가의 건강과는 도대체 무슨 관계가 있단 말인가? 상식으로는 생각할 수 없는 일이다. 그렇지만 그 상식이, 나도 그 관습에 따르는 것이 좋다고 권고하고 있는 것이다.

우리가 서로에게 예의를 지켜야 한다는 것은 상식이다. 그렇지만 때와 장소, 사람에 따라 어떻게 행동하는 것이 예의를 갖추는 것인가는 직접 눈으로 보고 몸소 체험하지 않고서는 알 수가 없다.

이것은 앞에서 말한 바와 같다. 이번 여행에서 너는 그것을 배우고 돌아오기 바란다.

세상을 여는 지혜의 말 08

 잘할 수 없다고 생각하며 아예 시도도 하지 않는 것만큼 큰 실수는 없다.

깊이 있는 체험을 하라

분별 있는 사람은 어디를 가든 그 고장의 풍습을 익혀 그것에 따르려고 노력한다. 전 세계 어디를 가든 그렇게 하는 것이 필요할 것이다. 도덕적으로 용납될 수 없는 일이 아닌 한은 그렇게 따르는 편이 좋다.

그러기 위해서는 어느 정도의 적응력이 필요하다. 적응력이란 때와 장소에 따라 적절하게 행동할 수 있는 능력이다. 예의 바른 사람에 대해서는 진지한 표정을 하고, 쾌활한 사람에게는 밝게 행동하고, 하잘 것 없는 사람에게는 그저 적당하게 상대를 한다. 이러한 능력을 몸에 익히도록 최대한으로 노력하기 바란다.

여러 고장을 방문하여 똑똑한 사람들과 교류함으로써 너는 그 고장의 인물로 변신할 수 있을 것이다. 그렇게 되면 너는 이미 영국인이 아니다. 프랑스인도 아니다. 이탈리아인도 아니다. 넓은 의미의 유럽인이 되는 것이다.

여러 나라의 좋은 풍습을 겸허하게 받아들여 파리에서는 프랑스 인이, 로마에서는 이탈리아 인이, 그리고 물론 런던에서는 영국인이 되는 것이다.

그런데 너는 이탈리아어가 서투르다고 생각하고 있는 것 같더구나. 그러나 프랑스의 귀족들을 보아라. 그들은 무의식중에 문화적인 대화를 하고 있다. 그와 마찬가지로 너도 스스로는 깨닫지 못하고 있겠지만, 훌륭하게 이탈리아어를 이해하고 있는 것이다. 첫째, 너만큼 프랑스어와 라틴어에 능통하고 있으면 이탈리아어의 절반은 알고 있는 것이나 다름없다. 너는 지금 사전 따위는 거의 찾을 필요를 느끼지 않을 것 아니냐?

그러므로 틀렸든 맞든 염려하지 말고, 질문할 수 있을 만큼의 단어와 질문에 답할 수 있을 만큼의 단어를 익히면 주저하지 말고 여러 사람에게 자주 말을 걸어 보는 것이 좋다. 지금까지 여러 가지 이야기를 했지만, 너를 해외에 내보낸 진짜 이유는 이러한 것들을 몸에 익히고 배우기를 바랐기 때문이다. 어느 나라를 가든지 단순한 관광에만 그치지 말고 그 나라의 실상을 깊이 있게 체험하고 돌아오기를 바란다.

또한 현지 사람들과 친밀하게 사귀어 그 나라의 풍습과, 예의범절, 그리고 반드시 그 나라의 언어도 익히기 바란다. 네가 그렇게만 한다면 나의 이러한 노력은 결코 헛되지 않을 것이다.

5장

자신의 주관적 사고를 가져라

어느 항구를 향해 갈 것인지 생각하지도 않고
노를 젓는다면 바람조차 도와주지 않는다.
— 세네카

올바른
'판단력'을 길러라

도덕적 행위는 아름답다

어떤 장점이나 덕행에도 그와 비례하는 단점이나 부덕이 있을 수 있으며, 자칫 잘못하면 생각지도 못한 잘못을 저지를 수가 있는 법이다. 관대함이 지나치면 피터팬 증후군이 되고, 절약이 과하면 인색함이 되고, 과장된 용기는 만용이 되며, 지나친 신중함은 비겁함이 된다.

그렇게 생각하면, 결점이 없도록 그리고 부도덕한 행위를 하지 않도록 주의하는 것 이상으로, 장점이나 덕을 가지고 있다는 것에도 세심한 주의가 필요한 것이다.

부도덕한 행위라는 것은 결코 아름다운 것이 아니다. 그러므로 그러한 행위를 보면 무의식중에 외면하게 되고, 더 이상 거기에 깊이 관련하고자 하는 생각 일어나지 않는다.

그러나 도덕적 행위는 아름답다. 그러므로 처음 보았을 때부터 마음을 빼앗기고, 보면 볼수록, 알면 알수록 매료되어 간다. 그리고 얼마 안 가서 자신도 도취해 버리는 것이다. 물론 아름다움에 관해서는 언제나 그렇지만 말이다.

올바른 판단이 필요한 것은 바로 이 때이다. 도덕적 행위를 끝까지 계속 도덕적 행위가 되게 하기 위해서, 그리고 장점을 끝까지 장점이 계속되게 하기 위해서는 매혹 당하여 정신을 잃으려고 하는 자신을 채찍질하여 버티고 있어야 한다.

내가 이런 말을 꺼낸 것은 '학식이 풍부하다'고 하는 장점이 빠지기 쉬운 함정에 관해서 이야기를 하고 싶었기 때문이다.

지식이 풍부하다는 것도 올바른 판단력이 없으면 '꼴불견'이라든가 '아는체 체한다'고 하는 생각지도 못한 오해를 사게 될지도 모른다. 언젠가는 너도 많은 지식을 갖게 될 것이다.

따라서 그때를 위해, 보통 사람들이 빠져들기 쉬운 함정에 빠지지 않도록 이제부터 주의를 기울이는 것이 중요하다.

세상을 여는 지혜의 말 09

자기 말만 하면 다른 사람들은 지루해진다는 점을 꼭 명심하라.

지식은 풍부하게, 태도는 겸손하게

학식이 풍부한 사람은 지식에 자신이 있는 나머지 남의 의견에 귀를 기울이지 않는 경우가 많다. 그리고 일방적으로 판단을 강요하거나 멋대로 단정하거나 한다.

그렇게 하면 어떤 결과가 초래될까? 그렇게 억압당한 사람들은 모욕을 당하고 상처를 입었다고 생각하여 온순히 따르지 않을 것이다. 오히려 분노를 느끼고 반항할 것이다. 심한 경우에는 법적 수단도 불사하는 사태가 발생할지도 모른다.

이런 일을 미연에 방지하기 위해서는 지식의 양이 늘어나면 날수록 더욱 겸허해져야 한다. 자신을 내세우면 안 된다. 확신이 있는 일에 대해서도 그다지 자신이 없는 것처럼 태도를 취하도록 하여라.

자신의 견해를 말할 때도 단언하지 않도록 해라. 남을 설득시키려고 한다면 상대방의 의견에 귀를 기울이는 겸허함이 없으면 안 된다. 만일 네가 학자인 체하는 건방진 놈이라는 얘기를 듣고 싶지 않다면, 그렇다고 해서 무식하다고 욕을 먹는 것도 싫다면, 가장 좋은 방법은 지식을 자랑하지 않는 것이다. 주위 사람들과 동등하게 얘기하고, 꾸미지 말고 순수하게 내용만을 전달하는 것이 좋다. 주위 사람보다 조금이라도 잘나 보이려거나 학식이 뛰어난 것처럼 행동해서는 안 된다.

지식은 회중시계처럼 살짝 주머니 속에 넣어 두면 된다. 자랑하고 싶어서 필요가 없는데도 주머니에서 꺼내 보거나 누가 묻지도 않는데 시간을 가르쳐 주거나 할 필요는 없다. 시간을 묻는 사람이 있으면 그때 잠시 꺼내어 시간을 알려주듯 지식도 필요한 때에만 사용하면 되는 것이다.

지식은 장식품이 아니라 필수품이다. 몸에 지니고 있지 않으면 큰 낭패를 당한다. 그리고 그것을 제때에 잘 활용할 수 있을 때에만 그 진가가 발휘되는 것이다.

세상을 여는 지혜의 말 10

잘난 척하는 멋이 없다면 인생은 조금도 즐겁지 않을 것이다.

세상 이치를 떠난
학문은 무용지물이다

현실성이 결여된 학문은 쓸모가 없다

오늘은 완전히 녹초가 된 날이다. 먼 친척이지만 학식이 풍부하고 겉으로 보기에도 매우 훌륭한 신사 한 분이 나를 찾아와서 함께 식사하고 함께 저녁 한때를 보낸 것이다.

이렇게 말하면, '피곤하다니요, 오히려 즐거웠던 게 아닌가요?'라고 반문할지 모르지만, 이거야말로 정말 구제불능이었단다. 한마디로 말해 그는 예의도 모르거니와 대화조차 어려운 이른바 '바보 학자'였다.

흔히 잡담을 일러 사람들은 '근거없는 시시한 이야기'라고 말하기도 하지만, 이 사람의 이야기는 반대로 전부 근거 있는 이야기뿐이었다. 오히려 나는 거기에 싫증이 났다.

필시 오랫동안 자신의 연구실에 틀어박혀서 여러 가지 문제에 관해 연구를 거듭한 끝에 자기 주장을 확립한 것이리라. 그래서인지 그는 말끝마다 자기 주장을 들고 나와 내가 조금이라도 거기에서 벗어난 말을 하기라도 하면 눈을 부릅뜨고 화를 내고는 했다. 그의 주장은 어떤 면에서 보면 합당했다. 그렇지만 유감스럽게도 현실성이 결여되어 있었다.

너는 그 까닭을 알겠느냐? 그 이유는 책상에 앉아 책만 읽었지, 사람들과 교제를 하지 않았기 때문이다. 그래서 학문에는 조예가 깊을지 모르지만 인간에 관해서는 완전 무지했던 것이다.

자신의 생각을 말로 표현할 때에는 보기에도 딱할 정도로 어눌했다. 말이 입에서 쉽사리 흘러나오질 않았다. 말을 하는가 싶으면 곧 끊어지곤 했다.

더구나 그 말하는 투는 무뚝뚝하기 짝이 없고, 동작은 부자연스러웠다. 나는 절실히 느꼈다. 아무리 학식이 풍부한 인물이라도 이런 사람과 얘기하기보다는 비록 교양은 없을지언정 차라리 세상물정을 알고 있는 수다쟁이 여자와 얘기하는 편이 훨씬 나을 것이라고 말이다.

학식은 풍부하나 세상 물정 모르는 사람은 곤란하다

세상을 모르는 자가 휘둘러 대는 이론은, 세상은 그렇게 이론대로만 돌아가지 않는 것이라는 것을 알고 있는 사람을 피곤하게 만든다. 가령, '세상은 그런 것이 아닙니다' 하고 말참견을 한다 하더라도 그런 말참견을 시작하면 끝이 없고, 게다가 상대는 이쪽 말에는 귀도 기울이지 않을 것이다.

어쩌면 당연한 말이긴 하다. 상대는 옥스퍼드 대학이나 케임브리지 대학에서 평생 동안 연구에만 몰두한 사람이니까. 예를 들어, 인간의 두뇌에 관해서, 마음에 관해서, 이성, 의지, 감정, 감각, 감상에 관해서…… 등등, 그는 보통 사람이 전혀 생각지도 못하는 부분까지 세분화시켜 인간을 철저하게 연구하고 분석해서 자기 학설을 확립한 것이다. 그러니 그렇게 쉽게 물러설 리가 없다. 자기가 옳다고 주장하는 것도 당연하다.

물론 그것은 그것 나름으로 훌륭한 일이라고 생각한다. 다만 곤란한 것은, 그는 실제로 인간을 관찰한 일도 없고 제대로 교제한 일도 없으므로, 세상에는 여러 계층의 인간이 있다는 것, 갖가지 관습, 편견, 기호들이 있다는 것, 그리고 그것들을 모두 종합한 끝에 한 사람의 인간이 존재한다는 것을 전혀 모르고 있다는 것이다. 극단적으로 말하자면, 인간에 관해서는 완전히 무지하다는 것이다.

그런 형편이기 때문에, 예를 들어 연구실에서 '인간은 칭찬을

받으면 기뻐한다'고 하는 이론을 발견하여, 자신도 그것을 실천하려고 들지만 정작 그 방법을 모른다. 모르면 어떻게 하나? 그렇다. 마구 칭찬할 수밖에 없다. 그렇게 하면 결과가 어떻게 되는가는 쉽게 상상할 수 있을 것이다. 칭찬했다고 생각하는 말이 장소에 어울리지 않았거나, 딱 들어맞지 않았거나, 시기가 나빴거나 했다면 차라리 아무 말도 하지 않는 편이 나을 것이다.

그들은 머리 속이 자기 생각으로 가득 차 있어서 주위 사람들이 지금 어떠한 상황에 처해 있는지, 어떠한 이야기를 하고 있는지에는 생각이 미치지 않는다. 또 생각하려는 마음조차도 없다. 그래서 때와 장소에 아랑곳없이 우선 상대방을 칭찬해버리고 만다. 그러니 칭찬 받은 사람이 어리둥절한 나머지 당황해하고, 다음에는 또 무슨 말을 하려나 하고 가슴 졸이는 것도 무리가 아니다.

사람은 어떤 색깔로도 변할 수가 있다

세상을 제대로 이해하지 못하는 학자에게는 아이작 뉴턴이 프리즘을 통해서 빛을 보았을 때처럼, 인간이 몇 가지 빛깔로 분류되어 보이는 것이다. 이 사람은 이 색깔, 저 사람은 저 색깔 하는 식으로 말이다. 그런데 경험이 풍부한 염색 기술자는 다르다. 색에는 명도가 있고 채도가 있다는 것을 잘 알고 있다. 즉 한 가지 빛깔로 보여도 그것은 여러 가지 색이 혼합되어 있다는 것을 알고 있다.

애당초 한가지 색깔만으로 된 인간은 없는 법이다. 다소는 다른 색깔이 섞여 있거나 그림자가 들어 있거나 한다. 그뿐만이 아니다. 비단의 색상이 빛을 받는 정도에 따라 여러 가지 색깔로 변하는 것처럼, 상황에 따라서 어떤 색깔로도 변하는 것이 인간인 것이다.

이런 이치는 세상을 알고 있는 사람이라면 누구나 다 알고 있다. 그러나 세상에서 격리되다시피 하여 혼자 연구실에 틀어박혀 있는 자신만만한 학자는 그것을 모른다. 이것은 머리로 생각해서 알 수 있는 일이 아니다. 그런 까닭에 자신이 공부한 것을 실천하려고 해도 앞뒤가 맞지 않아 생각대로 되지 않는다. 그것은 춤추는 것을 본 적이 없는 사람이나, 춤을 배워 본 적이 없는 사람은 아무리 악보를 읽을 줄 알고 멜로디나 리듬을 이해할 수 있더라도 결코 춤을 출 수 없는 이치와 같은 것이다.

그러나 자신의 눈으로 보고 귀로 듣고서 세상을 알고 있는 사람은 전혀 다르다. 마찬가지로, '칭찬의 힘'을 아는 사람이라면, 언제 어디서 어떻게 칭찬하면 좋은가를 잘 알고 있다. 말하자면 환자의 체질에 따라 투약 방법을 달리하는 명의와 같다는 말이다.

그들은 드러내놓고 칭찬하지 않는다. 완곡하게 비유적으로 혹은 암시적으로 칭찬을 한다. 결국, 이론과 현실 사이에는 이러한 커다란 차이가 있다는 것을 알아야 한다.

책에서 얻은 '지식'을 실생활의 '지혜'로 만들어라

우리는 가끔 지식과 인격도 훨씬 모자란 사람들이 자기보다 훨씬 뛰어난 사람들을 상대로 거침없이 능수능란하게 그들을 움직이는 것을 보곤 한다. 그런 일이 가능한 것은 반드시, 열등한 사람들 쪽이 세상을 사는 지혜에 뛰어난 경우였다.

그들은 지식과 인격은 있지만 세상 물정에 어두운 사람들의 맹점을 파고들어 그들을 마음대로 움직이고 있는 것이다.

자기 눈으로 보고 관찰하고 실제로 체험해서 세상을 알고 있는 사람은 단지 책을 통해서밖에 세상을 모르는 인간과는 근본적으로 다르며 더 우수하다. 그것은 잘 훈련받은 노새가 말보다는 훨씬 쓸모 있다는 것과 똑같다.

너도 이제 지금까지 공부해 온 것, 보고 들은 것을 총괄하여 자기 나름의 판단을 해서 자기의 인격이나 행동양식이나 예의범절을 확립하지 않으면 안 되는 시기에 이르렀다. 지금부터는 세상에 대한 시각을 넓히고 더 한층 연마하기 바란다. 그런 의미에서 사회에 관해서 쓰여진 책을 읽는 것은 바람직한 일이다. 책의 내용과 현실을 비교해 보면 많은 좋은 공부가 될 것이다.

예를 들어 보자면, 오전 중의 공부 시간에 라 로슈푸코La Rochefoucauld : 1613~1680 프랑스의 모럴리스트의 격언을 몇 가지 읽고 깊이 고찰했다면 그것을 밤에 사교장에서 만나는 사람들에게 적용시켜보면 좋을 것이다.

책에는 인간의 마음의 움직임이나 감정의 동요 등, 여러 가지 일들이 쓰여 있다. 그것을 미리 체득한다는 것은 좋은 일이다. 그렇지만 그것으로 끝나서는 안 된다.

실제로 사회에 발을 들여놓고 관찰하지 않으면 모처럼 얻은 지식도 산지식이 되지 못할뿐더러 오히려 잘못된 방향으로 나아갈 수도 있다. 방안에서 세계지도를 펼쳐 놓고 눈을 부릅뜨고 들여다본들 세계에 관해서는 아무것도 알지 못하는 법이다.

어떻게 하면 '설득력'을 배양할 수 있는가?

한 나라의 역사를 바꿔 버린 '나의 화술'

오늘은 영국에서 율리우스력Julius 曆을 그레고리력Gregorius 曆으로 개정하는 법안을 상원에 제출했을 때의 일에 관해서 자세히 이야기 해보려고 한다. 이 이야기는 틀림없이 너에게 큰 도움이 될 것이다.

율리우스력이 태양력을 11일이나 초과하고 있는 부정확한 달력이라는 것은 모두들 잘 알고 있는 사실이다. 그것을 개정한 사람이 교황 그레고리우스 13세이며, 그가 만든 그레고리력은 곧 유럽의 카톨릭 국가에 받아들여졌고, 이어서 러시아와 스웨덴과 영국을 제외한 모든 프로테스탄트 국가에도 받아들여졌다.

나는 유럽의 주요 국가들이 그레고리력을 사용하고 있는데, 여전히 영국만이 정확하지 않은 율리우스력을 고집하고 있다는 것은 매우 불명예스러운 일이라고 생각했다. 나 이외에도 해외에 왕래하고 있는 정치가들이나 무역상들 중에는 불편과 불합리함을 느끼고 있는 사람이 많이 있었던 것 같았다.

그래서 나는 영국의 달력을 바꾸는 일에 앞장서기로 결심했다. 우선 나는 나라를 대표할 만한 자격을 지닌 우수한 법률가와 천문학자 몇 사람의 협력을 얻어 법안을 작성했다. 나의 고생이 시작된 것은 여기서부터였다.

당연한 일이지만, 법안에는 법률 전문 용어와 천문학상의 계산이 가득 담겨져 있다. 그리고 그 법안을 제안하기로 되어 있었던 사람은 그 어느 쪽 사정도 모르는 나 였던 것이다.

법안을 성립시키기 위해서는 나에게도 다소의 지식이 있다는 것을 의원들에게 알릴 필요가 있었고, 또 나와 마찬가지로 이런 일에는 문외한인 의원들 자신도 조금은 납득한다는 듯한 분위기를 조성할 필요가 있었다.

나 자신에 대해서 말하자면 천문학을 설명하는 것도, 켈트어나 슬라브어를 배워 그 언어로 말을 하는 것과 같이 크게 어려운 일은 아니었지만, 의원들편에서 보면 어려운 천문학 이야기 따위는 별 흥미가 없을 것임에 틀림없다고 생각되었다. 그래서 결단을 내려 설명이나 전문용어의 나열은 그만두고, 의원들의 마음을 사로잡는 데에만 전력을 기울이기로 했다.

나는 이집트력에서부터 그레고리력에 이르기까지 그 각각의 달력이 가진 장단점을 가끔씩 일화를 섞어 가면서 재미있게 설명했다. 특히 말씨, 문체, 화술, 제스처에 신경을 썼는데 이것은 성공적이었다.

마침내 의원들은 나의 의견에 설득된 듯 했다. 과학적 설명 같은 것은 일체 하지 않았고 그럴 생각도 없었던 터였는데 여러 의원들이 오로지 그러한 나의 설명만으로도 모든 것을 명백히 알았다고 발언하였다.

나의 설명에 이어 법안 작성에 누구보다도 많은 힘을 써 준, 유럽 최고의 수학자이자 천문학자이기도 한 마크레스필드 경이 전문적인 설명을 했다. 그런데 그의 설명이 미흡했던지, 실로 아이러니컬하게도 나에게 모든 찬사가 돌아왔다.

너도 그런 경험이 있을 것이다. 말을 걸어 온 사람이 지친 목소리의 묘한 억양으로 이야기하거나 말의 표현이 엉망진창이거나 순서도 뒤죽박죽이라면, 그런 경우, 말의 내용에 귀를 기울이고 싶은 기분조차, 아니 그 사람의 인격에 눈을 돌리고 싶은 마음조차 없어져 버릴 것이다.

그런데 이와는 정반대로, 호감이 가도록 이야기를 하는 사람을 보면 이야기의 내용과는 상관없이 그 사람의 인격까지도 대단하게 보인다.

논리도 중요하지만 '화술'도 중요하다

만일 네가 전달하고자 하는 내용을 아무런 꾸밈도 보태지 않고 논리 정연하게 이야기할 수 있다고 해서 그것으로 충분하다고 생각하고 정계에 발을 들여 놓을 생각이라면 그것은 터무니없는 잘못이다. 사람들 앞에서 이야기할 때는 이야기의 내용이 아니라, 달변인가 아닌가에 따라서 그 사람의 평가가 결정되어 버린다.

격의 없는 모임에서 사람의 마음을 붙잡고자 할 때나 공적인 회합에서 청중을 설득하고자 할 때에는 이야기의 내용도 중요하지만 말하는 사람의 분위기, 표정, 몸짓, 품위, 목소리의 높낮이, 사투리의 유무, 강조하는 부분, 억양 등 말하자면 아주 사소한 것까지도 신경을 써야 한다. 나는 수상인 피트 씨와 법무장관 뮤레이 씨가 이 나라에서 가장 연설을 잘하는 인물이라고 생각하고 있다.

이 두 사람을 제외하고 영국 의회를 조용하게 할 수 있는 사람, 즉 논쟁의 과열을 진정시킬 수 있는 사람은 없다. 이 두 사람의 연설에는 소란스러운 의원들을 침묵시키고, 자신의 말에 귀를 기울이게 할 수 있는 그 어떤 힘이 들어 있다. 이 두 사람이 연설할 때면 바늘 떨어지는 소리까지 들릴 정도이다.

어떻게 해서 이 두 사람의 연설이 그런 힘을 지니고 있을까? 내용이 훌륭하기 때문일까? 이론적인 뒷받침이 튼튼하기 때문일까?

나도 그들의 연설에 매료된 사람 중 하나이지만, 집에 돌아와서 왜 그렇게 매료당하는가를 생각해 본 적이 있다. 도대체 그 사람들은 무엇을 얘기한 것일까 하고 다시 잘 생각해 보니까, 놀랍게도 연설의 내용이 거의 없었을 뿐더러 테마도 설득력이 없는 때가 많았다. 단지 그 연설의 화술에 매혹 당한 것에 불과했던 것이다.

그 어떤 가식이나 꾸밈없는 논리 정연한 화법은 지적인 사람 서너 명 정도 모이는 곳에서나 사사로운 모임에서는 설득력과 매력을 인정받을지 모르겠다. 그러나 많은 대중을 상대로 하는 공적인 장소에서는 통용되지 않는다.

세상이란 그런 것이란다. 사람들은 연설을 들을 때 어떤 가르침을 받으려 하기보다는 즐겁게 들을 수 있는 쪽을 택한다. 원래 사람들은 누구에게서 가르침을 받는다는 것을 그다지 기분 좋게 생각지 않는 경향이 있다. 누군가로부터 가르침을 받는다는 것은 자신이 그 사람으로부터 무식하다고 인정받는 것이나 마찬가지이니까 말이다. 연설이 듣는 사람의 귀에 쏙쏙들어가서 사람들의 칭찬을 받으려면 우선 목청이 좋지 않으면 안 된다.

이것은 연설하는데 그다지 능숙하지 못한 너로서는 특히 다시 한 번 생각해 볼 가치가 있는 중요한 문제다.

언어는 어떻게 갈고
닦아야 하는가?

어떻게 해야 말을 잘할 수 있을까?

화술에 뛰어난 사람이 되고 싶으면 어떻게 하면 좋을까? 먼저
말 잘하는 사람이 되고 싶다면 그 목표를 항상 마음 속에 새겨 두
고서 그 실현을 위해 독서를 하거나 문장 연습을 하는 등 모든 노
력을 거기에 집중시켜야 한다.

우선, 자기 자신에게 이렇게 말해 보자.

"나는 사회에서 인정받는 훌륭한 인간이 되고 싶다. 그러기 위
해서는 말을 잘해야 한다."

그러기 위해서는 우선 일상 회화를 갈고 닦으며 정확하고 품격
이 있고 겸손한 화술을 몸에 익히도록 노력하자. 그리고 고전이나
현대작품을 불문하고 웅변가들이 쓴 책을 많이 읽도록 노력하자.

책을 활용하라

표현을 잘하기 위해서는 독서를 할 때 문체나 말씨의 사용법에 주의하면 좋다. 어떻게 하면 좀 더 좋은 표현이 되는가, 자신이 똑같은 글을 쓴다면 어떤 점이 부족한가를 생각하면서 읽어야 한다.

같은 내용이더라도 저자에 따라 표현이 어떻게 다른가? 그리고 표현이 다르면 똑같은 내용이라도 그 인상이 어떻게 달라지는가를 유의하면서 읽어야 한다.

책의 내용이 아무리 훌륭해도 표현이 서투르거나, 문장에 품격이 없거나, 문체가 자연스럽지 못하면 전체적인 리듬이 어떻게 깨지는가를 잘 관찰해 두면 좋다.

화법과 문장에서 자신만의 독특한 '스타일'을 만들어라

아무리 자유로운 대화라 하더라도, 그리고 아무리 친한 사람에게 보내는 편지라 하더라도 자기만의 독창적인 스타일을 갖는다는 것은 매우 중요한 일이다.

대화를 하기 전에 미리 준비를 하는 것도 중요하지만, 그렇게 하지 못했을 경우에는 대화가 끝난 후에라도 조금 더 좋은 표현은 없었을까? 하고 반성해보는 것도 화술 향상에 큰 도움이 될 것이다.

말은 바르게 사용하고 발음은 명확하게 한다

너는 우리들의 마음을 사로잡는 배우들이 어떤 식으로 말을 하고 있는가를 자세히 생각해 본 적이 있느냐? 세밀하게 관찰해 보면 알겠지만, 훌륭한 배우들은 한결같이 명확하게 발음하고 정확한 말에 중점을 두고 있다.

말이라는 것은 개념을 전달하기 위한 수단이므로 개념이 제대로 전달되지 않는 화법을 쓰거나 귀를 기울이고 싶지 않은 화법을 구사한다는 것은 어리석기 이를 데 없다.

매일 커다란 목소리로 책을 읽고 그것을 하트 씨에게 들어 보라고 부탁하는 것도 좋은 방법이다. 숨을 이어가는 방법, 강조해서 읽는 방법, 속도 등 네가 책을 읽는 방법에 어색한 점이 있으면 그때마다 중지를 시켜 달래서 고쳐 가면 된다. 읽을 때는 조금이라도 입을 크게 벌리고, 한마디 한마디 똑똑하게 발음하도록 해라. 조금이라도 빠르거나 말이 정확하지 않으면 중지시켜 달라고 부탁하여라.

너 혼자서 연습할 때도 자신의 귀로 잘 듣도록 해라. 처음에는 천천히 읽어서 빠른 너의 말 버릇을 고치도록 유의해라. 너의 발음에는 다소 껄끄러운 부분이 있어 빨리 말할 때에는 상대방이 알아듣기 힘들 때가 있다. 발음하기 어려운 자음이 있으면 완벽하게 발음할 수 있을 때까지 계속해서 연습을 해야 한다.

'상대방이 무엇을 바라고 있는가'를 생각하라

상대를 제압하기 위해서는 상대방을 과대평가하지 않는 것이 중요하다고 말한 적이 있지만, 연설을 할 때도 청중을 압도시키기 위해서는 청중을 과대평가하지 않아야 한다.

내가 처음으로 상원 의원이 되었을 때는 의회가 존경할 만한 사람들만 모여 있는 곳이라는 생각이 들어서 일종의 위압감을 느꼈었다. 그것도 잠시일 뿐, 의회의 실정을 알고 나자 곧 사라져 버렸다.

나는 560명의 의원 가운데 사려 분별이 있는 의원은 기껏해야 30명 안팎으로, 그 나머지는 거의가 평범한 사람들이라는 것을 알았던 것이다. 그리고 품위 넘치는 말씨로 다듬어진 내용 있는 연설을 원하고 있는 사람은 그 30명 정도의 의원 뿐이고, 나머지 의원들은 내용이야 어떻든 간에 듣기에 좋은 연설만 하면 만족한다는 사실 또한 알게 되었다.

그것을 알고 난 다음부터는 연설을 할 때마다 긴장감도 적어지고, 나중에는 아예 청중을 거의 의식하지 않고 오직 이야기의 내용과 화술에만 온 정신을 집중시킬 수 있게 되었다.

어쩌면 웅변가는 솜씨 좋은 제화공製靴工과 닮은 것 같다. 어느 쪽이나 마찬가지로, 어떻게 하면 상대방, 즉 청중이나 고객에게 맞출 수 있는가를 파악하고 나면 그 뒤는 기계적으로 할 수 있다. 만약 네가 청중을 만족시키는 연설을 하고 싶다면 청중이 만족하는 이야기만 하면 된다. 있는 그대로의 그들을 받아들이면 되는 것이다.

그리고 여러 번 강조한 바와 같이 그들은 자기들의 감각이나 마음을 끄는 것만을 좋아하고 받아들인다.

'자기의 이름'에
자신과 긍지를 가져라

서명은 보다 신중하게 해라

지난번에 네가 쓴 것이라고 하며 90파운드짜리 청구서가 나에게 날아왔다. 나는 그 순간 지불을 거절할까 생각했었다. 액수 가 문제가 아니라 이렇게 큰 돈을 쓸 경우에는 미리 한 번쯤은 상의라도 하는 것이 예의가 아닐까 하는 생각에서였다. 아무튼 네가 그 청구서에 관해서 편지 한 장 보내지 않은 것도 그러한 생각이 든 이유 중의 하나였다.

도한 그 외에도 너의 서명이 어디에 있는지 알 수가 없었던 탓도 있었다. 청구서를 가지고 온 사람이 가리키는 곳을 돋보기로 보고서야 비로소 너의 서명이 맨 구석에 조그맣게 서명되어 있는 것을 알 수 있었다.

지식인이나 사업을 하는 사람들은 항상 똑같은 서명을 하는 것이 관례로 되어 있다. 그렇게 함으로써 자신의 서명에 익숙해지고 누군가 도용하는 것을 미연에 방지 할 수 있는 것이다. 그리고 그러한 서명은 다른 글자보다는 좀 더 크게 쓰도록 되어 있다. 그런데 네 서명은 다른 글자보다도 작았고 보기에도 무척 보잘 것 없이 보이더구나.

그러한 너의 서명을 보면서 나는 앞으로 그 서명으로 인해 너에게 일어날 수 있는 갖가지 좋지 않을 사태들을 상상해 보았다. 네가 만일 각료에게 이런 서명을 한 편지를 보낸다면, 이것을 보통 사람이 쓰는 서명이 아니므로 기밀 문서일지도 모른다며 암호해독담당자를 부를지도 모를 일이다.

서둘러라, 그러나 당황하지 말아라

당황했었기 때문에 그런 서명을 할 수 밖에 없었다고 너는 변명할지도 모르겠다. 그렇다면 왜 당황하고 있었느냐? 지성인이란 서두르는 일은 있어도 결코 당황해서는 안 된다. 당황하면 일을 그르친다는 것을 잘 알고 있기 때문이다. 그렇기 때문에 서둘러 일을 마무리짓는 일은 있어도 일을 아무렇게나 서둘러 처리하는 경우는 없다.

소심한 사람이 허둥대는 것은 대체적으로 자신에게 주어진 일에 힘이 부친다는 것을 알았을 때이다. 자신의 능력으로는 어찌할 도리가 없다고 생각하기 때문에 허둥대며 이리저리 뛰어다니다가, 결국 혼란에 빠져 분별력을 잃게 되는 것이다.

그 점에 있어서 분별력 있는 사람은 다르다. 손을 대려고 하는 일에 대해 완전히 끝마치는 데까지 필요한 시간을 미리 계산해 두었다가 서둘러 그 일을 할 때에도 그 일을 일관되게 완성시킨다.

요컨대, 서둘러도 항상 냉정하고 침착하여 허둥대는 일이 없으며, 한 가지 일을 끝맺기 전에는 결코 다른 일에 손을 대지 않는다.

너도 여러 가지 할 일이 많아 충분한 시간을 낼 수 없다는 것은 나도 잘 알고 있다. 그러나 일을 아무렇게나 처리 하려면 차라리 절반은 완벽하게 하고 나머지 절반은 손을 대지 않은 채로 그냥 두는 편이 훨씬 낫다. 게다가 교양 없는 인간으로 오인 받을 정도의 그런 서명을 하는 어리석고 품위 없는 짓을 해서 몇 초간의 시간을 벌었다고 해도 그 시간은 네게 아무런 도움도 되지 않는다.

6장

참된 우정은 이렇게 키워 가라

더 깔끔하고 밝은 사람이 되도록 노력하라.
자기 자신이 바로 세상을 보는 창이다.
— 버나드 쇼

친구를 보면 그 사람의
됨됨이를 알 수 있다

친구는 바로 너의 인격이다

이 편지가 네게 도착할 무렵이면 너는 베네치아에서 흥청거리며 소모적인 사육제를 보내고, 토리노로 거처를 옮겨 면학 준비에 열중하고 있을 때 이겠구나. 나는 토리노에서의 체류가 네 공부에 도움이 되고, 또 학력을 높여 줄 것을 기대하고 있다. 그렇지만 진실을 말하자면 나는 전에 없이 너를 걱정하고 있다.

들리는 바에 의하면, 토리노의 전문 학교에는 평판이 좋지 못한 영국 학생이 다수 있다고 하더구나. 떼를 지어 다니며 난폭한 행동을 하고 무례한 짓을 하며 편협한 행동을 거침없이 일삼는다는 이야기가 들리는구나.

그런 짓들은 자기들끼리만 어울리며 하면 좋겠는데 그것으로 만족하는 학생들이 아닌 것 같다. 자기네 패거리에 들어오라고 압력을 가하거나 집요하게 권유를 하는 모양이다. 그리고 그것이 뜻대로 되지 않을 시에는 아예 왕따를 시키는 수법을 쓴다고 하는구나. 네 나이 또래의 경험이 적은 젊은이에게는 그러한 방법은 효력을 발휘할 것이다. 압력을 받거나 강제로 권유를 당하는 정도와는 비교도 안 될 정도로 금세 효과가 나타난다. 부디 이런 것들에 말려들지 않도록 조심하기 바란다.

대체로 너희 또래들은 어떤 부탁을 받으면 여간해서 싫다고 냉정하게 잘라 거절하지 못한다. 거절하면 체면이 손상된다고 생각을 하기 때문이다. 게다가 상대편에게 미안한 생각도 들 것이다. 동료들에게서 따돌림당하여 고립되고 싶지 않다는 생각도 들 것이다. 그런 생각 자체는 나쁜 것이 아니다. 상대편의 뜻에 맞추고 기쁘게 해 주려는 생각은 상대편이 좋은 사람이라면 좋은 결과를 낳는다. 하지만 그렇지 않을 경우에는 본의 아니게 상대편에 질질 끌려 다니는 최악의 사태를 가져온다.

참된 우정은 쉽게 뜨거워지거나 식지 않는다

토리노의 대학에는 여러 부류의 학생들이 있을 것이다. 그들과 금방 친밀하게 사귈 수 있고, 또 친구도 될 수 있다고 생각한다면

큰 오산이다. 그것은 경솔함에서 나온 자만심이다. 진정한 우정이란 그렇게 간단히 손에 들어오는 것이 아니다. 오랜 시간을 들여서 서로를 잘 알고 이해한 후가 아니면 진정한 우정은 자라지 않는다.

그러나 그렇지 않은 이름만의 우정이라는 것도 있다. 젊은이들 사이에 만연하고 있는 것이 이것이다. 이 우정은 잠시 동안은 뜨겁지만, 잠깐 있으면 식어 버린다.

우연히 알게 된 몇몇의 동료들과 함께 분별없는 행동을 하거나 놀이에 빠지거나 하는 일이 있을 것이다. 그것은 즉흥적인 우정이다. 술과 여자로 맺어진 관계로서 그것이 진실하다면 얼마나 진실한 우정이겠느냐?

차라리 사회에 대한 반항이라고 정색하고 나서, 받아야 할 것을 받는 편이 애교가 있다고 생각하지만 경박한 그들이 그런 재치를 발휘할 리 없다. 자신들의 싸구려 관계를 우정이라고 칭하고 쓸데없이 돈을 빌리고 꾸어주거나 혹은 '친구'를 위한답시고 소동에 뛰어들어 싸움질을 일삼는다.

이런 친구들은 우연한 일로 사이가 나빠지거나 하면, 이번에는 손바닥 뒤집듯이 변해 언제 친했냐는 듯 험담을 떠벌이고 다닌다. 일단 사이가 나빠지고 나면 두 번 다시 상대방을 위하는 일은 하지 않는다. 지금까지의 신뢰 관계를 저버리고 우롱하기에 급급할 뿐이다.

여기서 네가 한 가지 명심해야 할 것은, 친구는 단순한 놀이 상대가 아니다는 것이다. 함께 있으면 즐겁다고 해서 좋은 친구라고는 할 수 없다. 아니, 오히려 그 반대로, 친구로서는 부적합한 인물인 경우가 아주 많다.

쓸모없는 인간이라도 적으로 만들지 말아라

어떤 친구를 갖고 있느냐로 그 사람의 대한 평가는 어느 정도 결정지어진다고 해도 과언이 아니다. 이말은 절대 이치에 어긋난 말이 아니다. 그것을 정확하게 표현하고 있는 스페인 명언이 있다.

누구와 가깝게 사귀고 있는지 가르쳐 다오.

그러면 네가 어떤 사람인지 알아맞혀 보겠다.

부도덕하거나 어리석은 사람을 사귀고 있는 사람은, 그 사람도 좋지 않은 짓을 하고 있는 것은 아닐까, 숨기고 싶은 비밀 같은 것이 있지는 않을까 하고 의심을 받게 된다.

그러나 여기서 주의해야 할 것은 부도덕한 자나 어리석은 자가 접근해 왔을 경우, 눈치 채지 않게 살짝 피해야하는 것은 당연하다 할지라도, 필요 이상으로 냉담하게 대하면서 적대시할 필요는 없다는 것이다. 친구로 지내고 싶지 않은 사람은 얼마든지 있겠지만 그들을 적으로 만들어서는 네게 득이 될 것이 없다.

만약 내가 그런 입장에 놓인다면 적도 아니고 내 편도 아닌 중간적 입장을 택하겠다. 이것이 안전한 방법이다. 악행이나 우행은 미워해야겠지만 인간적으로는 적대시하지 않아야 한다. 일단 그들로부터 적의를 받게 되면 지내기가 매우 힘들어진다. 물론 친구가 되는 것보다는 낫겠지만 자칫 화를 당하게 될지 알 수 없기 때문이다.

중요한 것은 상대가 누구든 간에 말해서 좋은 것과 말해서는 안 되는 것, 해서 좋은 일과 해서는 안 되는 일을 잘 분간하여 자기 자신을 통제하는 일이다. 분별하고 있는 체하는 것은 가장 나쁘다.

상대에게 불쾌감을 주고 나서 사실은 그런 뜻이 아니었다고 변명할 경우, 오히려 상대를 화나게 만들어 버린다.

진정한 의미에서 사물을 분별하는 사람은 극히 드물다. 대개는 하찮은 일에 마음이 끌려서 고집스럽게 입을 닫아버리거나, 반대로 자기가 알고 있는 것과 생각하고 있는 것을 모두 떠벌여 적을 만들어 버리기도 한다.

세상을 여는 지혜의 말 11

공부하는 시간이 모자랄 때는 수면시간을 줄여라.

어떤 친구를
사귈 것인가?

자기보다 뛰어난 사람들과 사귀어라

친구에 대한 이야기는 이 정도로 해 두고, 다음은 어떤 사람들과 교제하는 것이 바람직한가에 대해서 이야기해 보자.

우선, 될 수 있는 대로 자기보다 뛰어난 사람들과 사귀도록 노력해라. 뛰어난 사람들과 사귀면 자기도 그 사람들과 똑같이 우수하게 된다. 반대로, 자기보다 못한 사람과 사귀면 자기도 그 정도의 인간이 되어버린다. 사람은 사귀는 상대에 따라서 어떻게든 변하는 법이다.

여기서 '뛰어난 사람들'이란 가문이 훌륭하다든가 높은 지위에 있는 사람을 의미하는 것은 아니다. 내용이 있는 사람들, 다시 말해 세상 사람들이 훌륭하다고 인정하는 사람들을 말하는 것이다.

'뛰어난 사람들'은 크게 두 부류로 나눌 수 있다. 사회에서 주도

적인 입장에 있는 사람, 사교장에서 화려한 활동을 하는 사람 등 사회적으로 걸출한 사람들과 특수한 재능이나 자질이 있는 사람, 특정 분야의 학문이나 예술에 뛰어난 사람 등 어느 한 분야에서 특출한 사람들이다.

그렇다고 해서 자기 혼자만이 그렇게 생각하고 있어서는 안 된다. 여러 사람들이 모두 '뛰어나다'고 인정하는 사람들이어야 한다. 혹 예외적인 인물이 있긴 하지만 그것은 별 문제가 되지 않는다. 오히려 그런 편이 바람직하다.

교제하기 적합한 그룹이라는 것은 단순한 뻔뻔스러움만 가지고 동료로 가입하거나, 어떤 중요 인물의 소개로 억지로 들어가거나 하는 가지각색 인간이 있는 집단인지도 모른다. 갖가지 인격이나 도덕관을 가진 사람을 만날 수 있다는 것은 즐겁고 유익하다. 게다가 그 주류는 뛰어난 사람들이다. 눈살을 찌푸려야 할 만한 인물은 절대로 가입할 수가 없다.

그런 뜻에서 말한다면, 신분이 높은 사람들만의 모임은 그 지역에서 훌륭하다고 인정을 받고 있지 않는 한 바람직하다고는 말할 수 없다. 신분이 아무리 높아도 머리가 빈 사람, 상식적인 예절을 모르는 사람, 그리고 아무짝에도 쓸모없는 사람이 있기 때문이다.

학식이 풍부한 사람만이 모인 그룹도 그렇다. 이런 사람들의 경우, 다른 사람들로부터 세상에서 정중한 대우를 받거나 존경을 받는 것은 사실이지만, 교제하기에 적합한 그룹이라고 말하기는 어렵다.

앞에서도 말한 것처럼 그들은 마음 편하게 행동할 줄을 모른다. 세상을 모른다. 오직 학문밖에 모르는 것이다. 그렇지만 그런 그룹에서 받아들일 만한 실력이 너에게 있다면, 가끔 얼굴을 내미는 것도 좋은 일이라고 생각한다. 그로 인해 너의 평판이 올라가면 올라갔지 내려가는 일은 없을 것이기 때문이다.

'적당한 거리'를 두는 것도 중요하다

젊은이들은 재기 넘치는 인물이나 시인과 함께 있고 싶어하고 또 그들을 좋아한다. 자기에게도 재기가 있으면 더할 수 없이 즐거울 것이고, 그것이 없는 사람은 재기 있는 사람과 교제하고 있는 것을 자랑으로 생각할 것이다. 하지만 그런 재기가 넘치는 매력적인 인물과 교제할 때도 그 사람에게 너무 깊이 빠져들어서는 안 된다. 판단력을 잃지 말고 적당한 거리를 두고 사귀것이 좋다.

재기라는 것은 남에게 그다지 기쁘게 받아들여지는 것은 아니다. 오히려 공포심을 일으키게 하는 경우도 있다. 일반적으로 주위에 사람의 눈이 있을 때에는 날카로운 재치를 두려워하는 경우도 있다. 그것은 여성들이 총을 보고 두려워하는 것과 같은 이치이다. 이는 언제 저절로 안전장치가 풀려서 총알이 자기 쪽을 향해 날아올지도 모른다고 생각하기 때문이다.

그렇지만 이런 사람들과 서로 알게 되고 친하게 지낸다는 것은 그 나름대로 의미 있고 또 즐거운 일이다. 다만, 그 사람이 아무리 매력이 있다 하더라도 다른 사람들과 교제하는 것을 일체 중지하고, 그 사람하고만 교제하는 것은 좀 생각해 볼 문제가 아닐까 생각한다.

결점까지 칭찬하는 사람은 가까이 하지 말아라

어떠한 일이 있어도 피해야 할 것은 수준이 낮은 사람과의 교제이다. 인격적으로 수준이 낮고, 덕이 모자라고, 지능이 낮고, 사회적 지위도 낮은 사람, 자기 자신은 아무것도 내세울 만한 장점이 없고, 너와 교제하고 있는 것만을 자랑으로 삼고 있는 그런 사람들이다.

그런 사람은 너를 가까이 두기 위하여 너의 결점까지 일일이 칭찬할 것이니 결코 교제해서는 안 된다. 너는 내가 이렇게 당연한 일에까지 주의를 주는 것에 당혹스러워할지 모르겠다.

그렇지만 나는 수준이 낮은 사람과 교제해서는 안 된다고 주의를 주는 것이 전혀 불필요하다고는 생각지 않고 있다. 분별력도 있고 사회적 지위도 확고한 사람들이 그런 수준이 낮은 사람과 교제하여 신용을 떨어뜨리고 타락해 가는 것을 나는 내 눈으로 수없이 보아 왔기 때문이다.

여기에서 가장 문제가 되는 것이 허영심이다. 허영심으로 인해 인간은 나쁜 일들을 수없이 자행했고, 어리석은 행동을 하기에 이르렀다. 사람들이 자기보다 낮은 수준의 사람들과 사귀는 것도 바로 이 허영심 때문이다.

사람은 자기가 속한 그룹에서 최고가 되기를 바라는 법이다. 동료로부터 칭찬과 존경을 받고 싶고 마음대로 그들을 이끌고 싶은 소망을 가지고 있다.

그런 쓸 데 없는 찬사를 듣고 싶어서 수준이 낮은 사람들과 사귀게 되는 것이다. 그 결과가 어떻게 되리라고 너는 생각하느냐? 그렇다. 결국 자기도 그 사람들과 똑같은 수준으로 전락되고, 좀 더 자기보다 나은 사람들과 사귀려 할 때는 매우 힘들게 된다.

다시 한 번 말하지만 사람은 사귀는 친구가 누구냐에 따라 똑같은 수준까지 올라가기도 하고 내려가기도 한다. 사람들은 네가 사귀는 친구를 보고 너를 평가할 것이다.

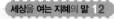

 불운을 두려워하는 사람들은 행운을 맛볼 수 없다.

사람의 '참모습'을
볼 수 있는 눈을 가져라

절대로 금해야 할 과대평가

젊은이들은 인간이나 사물에 대해서 과대 평가 하기 쉽다. 그것은 잘 모르기 때문이지만, 진실을 알게 되면 그 평가가치는 점점 떨어질것이다.

인간은 결코 네가 생각하는 것처럼 그렇게 이지적이거나 이성적이지만은 않다. 감정의 지배를 받고 쉽게 무너져 버리는 연약함도 있단다. 일반적으로 유능하다는 소리를 듣는 사람들도 절대적이 아니라는 것을 너 또한 알고 있을 것이다. 그럼에도 역시 '유능하다'라고 평가받는 것은 다른 사람들과의 비교에서 그렇게 평가되고 있는 것에 불과하다. 다시 말하면 일반인들보다 결점이 적다는 이유만으로 그런 평가를 받는 것이다.

그들은 우선, 자기 자신을 억제하고 결점을 줄임으로써 나머지 대다수 사람들을 잘 다루고 있는 것이다. 그때 이성에 호소하여 다루는 것과 같은 어리석은 짓은 하지 않는다. 그들은 감정이나 감각 등 다루기 쉬운 점을 아주 교묘하게 이용한다. 따라서 실패하는 경우는 거의 없다. 그런데 위대하다고 불리우는 사람들은 자세히 살펴보면 그들에게도 결점이 있다는 것을 쉽사리 알 수 있다. 네 자신의 눈으로 '인간이란 어떠한 것인가'를 알 수 있게 될 때까지는 라 로슈푸코^{프랑스의 모럴리스트}의「격언집」을 읽으면 좋겠다.

이 소책자를 매일매일 잠시 동안이라도 좋으니 읽어 보기 바란다. 이 책만큼 인간의 있는 그대로의 모습을 정확히 파악하고 인간에 관하여 많은 것을 일깨워 주는 책은 드물다고 생각한다.

이 책을 읽으면 너 역시도 인간을 필요 이상으로 과대 평가하는 일은 없게 될 것이다. 그렇다고 해서 인간을 부당하게 과소평가하고 있는 책은 아니다. 그것은 내가 보증한다.

젊은이다운 패기와 쾌활함을 잘 살려라

네 나이 또래의 젊은이들은 늘 패기가 넘쳐흐른다. 선로를 놓아 주지 않으면 어디로 갈지 알 수 없으며, 자칫하면 엎어져 목뼈가 부러질 염려도 있다.

그렇지만 이 무모한 젊음도 무조건 비난만 받는 것은 아니다. 거기에 신중함과 자제력만 더해지면 사람들로부터 환영을 받는 수도 있다.

그러므로 젊은이들에게 흔히 있는 들뜬 마음을 자제하고 젊은이다운 쾌활함과 패기를 가지고 당당히 사람들 속으로 뛰어들라고 말하고 싶다. 젊은이의 변덕스러움은 고의적이 아니더라도 상대방의 마음을 불편하게 만들 때도 있겠지만, 쾌활하고 패기 넘치는 모습은 사람의 마음을 사로 잡는다. 될 수 있는 한 만나야 할 사람들의 성격이나, 그가 지금 어떤 상황에 놓여 있는가를 미리 조사해 두는 것이 좋다.

그렇게 하면 무계획적으로 이것저것 지레 짐작을 하면서 말을 하지 않아도 되니까 말이다. 앞으로 네가 알게 될 사람들 가운데는 마음가짐이 좋은 사람뿐만 아니라 좋지 않은 사람도 많이 있을 것이다. 비판하기 좋아하는 사람도 많지만, 그보다도 더 많은 비판을 받아 마땅한 사람도 많이 있다.

그런 사람들에 대해서는 그 자리에 있는 대부분의 사람들에게 해당되는 장점을 칭찬해주거나 단점을 옹호해주면 좋다. 그렇게 하면 그것이 아무리 일반론이라 하더라도 자기 자신에게 해당되는 말이라고 여겨 기뻐할 것임에 틀림없다.

비참한 실패와 좌절감은 인생의 좋은 스승이 된다

사람은 자기보다 우월한 사람들 속에 끼어 있으면 항상 자기가 주목의 대상이 되고 있는 것처럼 느끼게 마련이다. 사람들이 조그만 소리로 뭔가를 속삭이면 자신에 대해서 말하는 게 아닌가 지레짐작하게 되고, 웃고 있으면 자기가 웃음거리로 되어 있다고 믿으며, 뭔가 뚜렷이 의미를 잘 모르는 얘기를 들었을 때 억지로 자기에게 적용해 보면 그럴듯한 말같이 들려 틀림없이 자기를 두고 한 말인 줄로 오해하기 쉽다.

아무튼 뛰어난 사람들 속에 섞여서 실패를 거듭하고 쓰라린 좌절감을 실컷 맛보는 동안에 차츰 너도 세련된 태도를 몸에 익히게 될 것이다.

남성이든 여성이든 좋으니 네가 가장 친하게 지내고 있는 사람 5~6명 정도에게, '저는 젊음과 경험이 부족해서 많은 무례를 저지르고 있다고 생각합니다. 저의 무례한 행동을 발견했을 때는 즉각 지적해 주십시오' 하고 부탁해 보아라. 그리고 지적을 받으면 우정의 증거라고 생각하고 '감사했습니다.'라고 인사하는 것도 잊지 말아라.

이와 같이 속마음을 숨김없이 이야기하여 상대편의 도움을 청하고 그러한 도움에 고마움의 뜻을 표하면, 지적해 준 사람도 기분 좋아질 것이다. 그리고 그 사람들은 다른 사람에게도 그 이야기를 해서 네게 힘이 되어 주도록 부탁해 줄 것이다.

그렇게 하면 많은 사람들이 친밀한 마음으로 너의 무례한 행위나 부적절한 언동을 충고해 주게 된다.

그리고 너는 서서히 심신이 자유로워져서 이야기하는 상대 여하에 따라 변화무쌍하게 대응할 수 있게 될 것이다.

세상을 여는 지혜의 말 13

길을 잘 찾는 자가 먼저 성공하는 법이다.

'허영심'을 '향상심'으로
승화시켜라

적당한 허영심은 필요하다

허영심, 좀더 부드럽게 말한다면, 다른 사람들로부터 찬사를 받고 싶어하는 마음은 어느 시대의 어떤 누구를 막론하고 공통적으로 갖고 있는 마음이 아닐까? 이 허영심이 강해지면 어리석은 언동이나 범죄 행위를 범하게 되는 경우도 있다. 그러나 다른 사람으로부터 칭찬을 받고 싶어하는 욕구는 대체로 향상심에 연결되는 것이 아닌가 나는 그렇게 생각하고 있다.

물론 그러하기 위해서는 그에 상응하는 깊은 사려 깊음과 향상심이 있어야 하지만, 결과를 감안한다면 얼마간의 허영심은 가지고 있는 것도 좋다고 생각한다. 다른 사람으로부터 인정을 받고 싶고 칭찬을 받고 싶다고 하는 감정이 없으면, 우리는 무슨 일에든 무관심해지고 나중에는 무슨 일을 할 의욕까지 상실하게 될 것이다. 그리고 실제로 아무것도 하지 않게 된다.

그렇게 되면 자신의 능력을 발휘하지 못하게 되고, 따라서 실력 이하로 보이는 것으로 만족할 수밖에 없다. 그러나 허영심이 강한 사람은 자신의 실력 이상으로 보이기 위해 있는 힘을 다하여 노력한다.

나는 지금까지 너에게 모든 것을 숨김없이 말해 왔고, 앞으로도 나의 결점을 숨김없이 말할 것이다. 사실은 나도 허영심을 많이 가지고 있었다. 그러나 나는 이 허영심을 나쁘게 생각한 적은 없다. 오히려 허영심이 있어서 좋았다고 생각하고 있다. 만약, 나에게 사람들이 칭찬하는 어떤 장점이 있다면, 그것은 허영심이 나를 향상시켜 준 덕택이라고 굳게 믿고 있다.

강렬한 승부욕이 자신의 능력을 이끌어 낸다

내가 사회에 진출할 때 출세에 대한 나의 욕구는 무척 대단했다. 나는 어떠한 일이 있어도 사람들로부터 인정을 받고 칭찬을 받아야 한다, 신망을 얻어야 한다고 하는 뜨거운 욕망을 가슴속 깊이 간직하고 사회에 첫발을 내디뎠다. 그 때문에 비록 어리석은 행동을 한 적이 있었다 하더라도 그 이상으로 현명한 행동도 했다고

생각한다.

예를 들자면, 남성들만이 모여 있을 때, 나는 누구보다도 훌륭하고 여기에서 가장 빛나는 사람과 똑같을 정도로 훌륭하게 되고자 노력했다. 그 생각이 나의 잠재능력을 끌어올려 최고까지는 되지 못한다 할지라도 둘째나 셋째는 될 수 있게 하였다.

마침내 나는 모든 사람의 주목의 대상, 즉 중심적 존재가 되었다. 일단 그렇게 되면 내가 하는 일들이 모두 옳다고 여겨지게 마련이다. 나의 경우도 마찬가지였다. 나의 언행이 유행이 되고, 모두가 나의 언행을 따라 하는 것을 보는 것은 즐거운 일이었다. 나는 어떠한 모임에도 반드시 초청되었고, 그 장소의 분위기를 어느 정도 좌지우지하게 되었다.

그 때문에 가문 있는 집안의 여인들과 화제를 불러 일으키기도 했다. 그리고 그 진위조차도 알 수 없는 뜬소문이 사실화 된 적도 몇 번인가 있었다는 것을 고백한다.

밝고 쾌활한 사람들 사이에서는 누구보다도 밝고 쾌활하게 처신하였고, 위엄 있는 사람들 사이에서는 누구보다도 위엄을 가지고 행동하였다. 나는 사람들이 조금이라도 호의를 나타내 주거나 친구로서 무엇인가를 해 주었을 때는 결코 그것을 그냥 지나치지 않았다. 사소한 것일지라도 신경을 쓰고 고마움을 잊지 않았다.

그렇게 함으로써 상대방은 만족했으리라 믿는다. 또 나로서도 친해질 계기를 잡을 수가 있었다. 이와 같이 해서 나는 순식간에 그 지방의 명사를 비롯하여 여러 계층의 사람들과 사귀게 되었다.

철학자들은 '허영심은 인간이 지닌 천한 마음'이라고 멸시한다. 그러나 나는 그렇게 생각하지 않는다. 허영심이 있었기 때문에 현재의 나라고 하는 인격이 이루어진 것이라고 생각하고 있다. 그리고 너에게도 젊은 날의 나와 같은 정도의 허영심이 있으면 좋겠다고 생각하고 있다. 내 경험으론 허영심만큼 인간을 출세시키는 것도 없다고 생각한다.

매사에
'감사할 줄 아는 사람'이 되어라

환대를 받기 전에 먼저 예의부터 갖추어라

얼마 전에 로마에서 돌아온 친지한테서 너만큼 로마에서 환대를 받은 사람은 없을 것이라는 얘기를 듣고 나는 무척이나 기뻤다.

파리에서도 틀림없이 환대받을 것이라고 나는 믿고 있다. 파리 사람들은 외지에서 온 사람들, 특히 예의 바르고 마음이 따뜻한 사람에게 친절하다고 들었다.

그러나 그것을 그냥 좋아하고만 있으면 안 된다. 그들도 역시, 네가 자기 나라를 사랑하고 있고, 자기들의 태도나 관습이 좋게 여겨지고 있다는 것을 알게 되면 크게 기뻐할 것이다.

그렇다고 해서 그러한 마음을 일부러 입 밖으로 내어 말하라는 것은 아니다. 그렇게 하는 것도 나쁘지는 않지만, 그런 마음은 행동으로 충분히 전할 수 있는 것이다.

'쾌활함'과 '인내'야말로 젊은이의 밑천이다

파리에서의 네 거처 문제는 이미 모두 마련해 놓았다. 기숙사에도 즉시 입주할 수 있게 해놓았다. 너는 프랑스어에 완벽하다고 해도 좋을 만큼 능숙하므로 곧 프랑스 사회에 익숙해져, 지금까지 파리에서 생활한 그 누구보다도 충실한 나날을 보내게 될 것이다. 이것은 더할 수 없이 좋은 기회이니 충실하게 활용하도록 하여라.

유감스러운 일이지만 프랑스로 나간 영국 청년 대부분이 프랑스어를 능숙하게 구사하지 못한다. 그것 뿐이라면 괜찮겠지만, 사람들과의 교제 방법도 잘 몰라 자기 표현을 제대로 하지 못하고, 그렇기 때문에 당연히 프랑스 사회를 이해하지 못하게된다.

그 결과 '겁쟁이'가 된다. 너는 결코 겁쟁이가 되어서는 안 된다. 겁이 많고 자신감이 없으면 상대방이 남성이든 여성이든 자기 수준 이하의 사람들과 사귈 수밖에 없게 된다.

어떤 일을 하든 간에 본인이 '할 수 없다'고 생각하면 정말로 그 일을 하지 못하게 되는 법이다. '일단 해보자'라고 생각하며 노력하고, '할 수 있다'고 자신을 격려하면 어떻게든 할 수 있게 되는 법이다.

인간적으로 특히 뛰어났다고도 할 수 없고 교양도 없는데, 쾌활하고 적극적이며 끈기가 있다는 것만으로 성공한 사람들을 너도 보았을 것이다. 그런 사람들은 남성이나 여성으로부터 거부당하는 일이 없다.

그들은 어떤 곤란한 일을 당해도 좌절하는 법이 없다. 몇 번씩이나 실패를 해도 다시 일어나서 돌진한다. 그리고 최종적으로 처음에 마음먹은 것을 관철시킨다. 훌륭하다고 말할 수밖에 없다! 너도 그것을 본받아야 한다. 너의 인격과 교양을 가지고 전진하면 훨씬 빨리 확실하게 목표에 도달할 수 있을 것이다. 너한테는 낙천적이 되어도 좋을 이유, 즉 자질이라는 것이 있다. 다시 일어설 수 있는 힘도 가지고 있다.

끝까지 체념하지 않으면 길이 열리게 되어 있다

사회생활을 잘 해나가기 위해서는 재능이 있어야 한다는 것이 우선 조건이다. 거기에 더하여 자기 생각을 확실하게 갖고, 그것을 남 앞에서 불필요하게 드러내지 않으며, 확고한 의지와 불굴의 끈기가 있으면 무서울 것이 없다.

일부러 불가능에 도전할 필요는 없지만, 가능한 일이라면 온갖 방법과 수단을 써서라도 도전하면 어떻게든 길이 열리게 되어 있다. 한 가지 방법으로 안 되면 다른 방법으로 시도하여 상대에 알맞은 방법을 찾아내면 좋다.

역사를 조금 거슬러 올라가 생각해 보면, 강력한 의지와 끈기 때문에 마음먹은 대로 일을 성공시킨 사람이 꽤 많다는 것을 알게 될 것이다. 마자랭프랑스의 정치가, 추기경과 여러 번 교섭한 끝에 피레네 조약을 체결한 재상 돈 루이 드 알로가 그렇다.

그는 타고난 냉정함과 끈기로 교섭을 유리하게 이끌어, 중요한 몇 가지 점에서는 단 한 발도 양보하지 않고 합의에 도달케 했던 것이다.

마자랭은 이탈리아인처럼 쾌활함과 성급함으로 똘똘 뭉친 인물이었다. 한편 돈 루이는 스페인 인 특유의 냉정함과 침착성, 그리고 인내력을 겸비한 인물이었다. 교섭의 테이블에 앉은 마자랭의 최대 관심사는 파리에 있는 정적 콩데 공이 다시 반란을 일으키지 못하도록 저지하는 일이었다.

그래서 조약 체결을 서둘러 매듭짓고 빨리 파리로 돌아가고 싶었다. 파리를 비워 두고 있으면 언제 무슨 일이 일어날지 모르기 때문이었다. 이것을 알아차린 돈 루이는 교섭 때마다 콩데 공의 얘기를 꺼내는 것을 잊지 않았다. 그 때문에 기분이 상한 마자랭은 한때 협상 테이블에 앉는 것조차 거부했을 정도다.

결국, 시종 변함 없는 냉정함으로 끝까지 밀고 나간 돈 루이가 조약을 유리하게 체결하는 데 성공했던 것이다.

여기서 중요한 것은 불가능과 가능을 분별하는 능력이다. 단순히 어려운 일이기만 하다면 관철하려고 하는 정신력과 인내력이 있으면 어떻게든 길이 열리게 되는 법이다. 물론, 그에 앞서 깊은 주의력과 집중력이 요구되는 것은 말할 것도 없다.

세상을 여는 지혜의 말 14

친절은 아무리 빨리 베푼다고 해도 이미 늦어버린 경우가 많다.

7장

인간 관계를 맺는 비결

좀 더 열린 마음으로 인생사를 바라보면 가지지 못해
아쉬워 했던 것들이 사실 그토록 간절히 원했던 것은 아님을 알게 된다.

— 앙드레 모루아

상대방한테
'신뢰받는' 교제의 방정식

상대방을 기쁘게 해 주려는 마음을 가져라

이미 앞에서 어떠한 사람들과 교제해야 하는가를 이야기했으니, 오늘은 그 사람들과 교제하는 데 있어서 어떠한 행동을 하면 되는가에 대해서 이야기하고 싶다.

오랜 세월에 걸친 나의 경험을 통하여 얻은 결과이니 너에게 조금은 도움이 될 것이다. 먼저 말해 두고 싶은 것은 아무리 훌륭한 사람들과 우호적인 관계를 맺는다 해도 상대방을 기쁘게 해 주려는 마음이 없으면 아무런 소용이 없다는 것이다.

만일 남이 나에게 마음을 써 준 것이 그렇게 기쁘다면 너도 남에게 그렇게 마음을 써 주어라. 네가 마음을 써 주고 친절하게 해 줄수록 상대방도 기뻐하는 법이다.

이것이 사람과 교제하는 데 꼭 필요한 원칙이 아닐까? 사람은

사랑하는 사람이나 존경하는 사람에 대해서는 자발적으로 상대방을 염려하고 기쁘게 해 주고자 하는 마음이 솟아오르는 법이다.

이런 마음이 없으면 절대로 남을 기쁘게 해줄 수가 없다. 사람을 사귀는 데 있어서의 원칙은 이렇게 우선 상대방을 생각하는 마음이다. 그 마음 위에 서면, 어떠한 언동을 취해야 좋은가를 자연스럽게 알 수 있게 된다.

사람을 기쁘게 해 주고자 하는 마음은 누구나가 가지고 있다. 그러나 사람과 사귀는 중에 실제로 남을 기쁘게 하는 방법을 알고 있는 사람은 드물다. 너는 이 사실을 꼭 명심하기 바란다. 그렇다고 해서 무슨 특별한 방법이 있는 것은 아니다.

단지 내가 말해 줄 수 있는 것은, 즉 타인으로부터 기쁨을 느꼈다면 너도 남에게 똑같이 해 주라는 것이다. 잘 생각해 보면 알 수 있다. 남이 너에게 어떤 일을 해 주었을 때 네가 기뻤는가를 말이다. 그것을 알았으면 너도 그와 똑같이 실천하면 된다. 그러면 상대방도 분명히 기뻐할 것이다. 그럼 실제로 사람을 기쁘게 하는 올바른 교제를 하기 위해서는 어떤 점에 유의하면 좋을까?

대화를 혼자 독점하지 말아라

먼저, 사람들과 대화를 나눌 때 혼자서 대화를 독점하려는 것은 좋지 않은 버릇이다. 만약 어쩔 수 없이 말을 오랫동안 해야 한다면 적어도 듣고 있는 사람이 지루하지 않도록 해야 하며, 또 가능하면 즐겁게 들을 수 있도록 각별히 신경을 써야 한다. 그러나 그것도 최소한으로 해두는 것이 좋다.

간혹 보면 혼자서만 계속 이야기 하는 사람을 보게 되는데, 그런 사람은 대개는 딱하게도 그곳에 있는 누군가 딴 사람, 그것도 대개는 가장 말수가 적은 사람이나 우연히 옆자리에 앉아 있는 사람을 붙잡고서 약간 작은 목소리로 소곤거리면서 잇따라 말을 이어 나간다. 이것은 아주 예의에 어긋나는 행동이며 또한 공명정대한 태도라고는 말할 수 없다. 대화라는 것은 공동으로 만들어 내는 모두의 것이다.

그러나 만약 반대로 네가 그러한 몰상식한 사람에게 붙잡혔을 때 그것을 참을 수밖에 없는 상대라면 하는 수 없다. 적어도 겉으로는 그 사람에게 주의를 기울이고 있는 척하고 꾹 참아야 한다. 그 사람에게 있어서는 네가 가만히 귀를 기울여 주는 것보다 기쁜 일은 없다. 이야기 도중에 등을 돌리거나, 아주 참기 어려운 표정을 짓고 듣는 것만큼 모욕적인 것은 없다.

상대에 따라서 화제를 선택하라

화제의 내용은 될 수 있으면 그곳에 모인 사람들이 모두 좋아할 것 같고, 또 유익할 듯한 것을 선택하면 좋다. 역사, 문학, 다른 나라 이야기 등은 날씨나 옷 이야기, 떠도는 소문보다는 훨씬 유익하고 즐거울 것이다. 가볍고 좀 유머스러운 이야기가 필요할 경우도 있다. 내용적으로는 아무 쓸모없는 이야기지만, 여러 부류의 사람들이 모였을 때는 공통의 화제로서 매우 적절하다.

더욱이 어떤 중대한 문제를 협상하는 중에 더 이상 이야기를 계속하면 험악한 분위기가 될 듯할 때 재치있는 이야기를 하면 무거운 분위기를 단번에 바꿔 준다. 그럴 때 잠깐 재치 있는 화제를 거낸다는 것은 조금도 부끄러운 일이 아니다. 슬쩍 음식에 관한 얘기를 하거나 포도주의 향기나 제조법으로 화제를 돌리면 꽤 좋을 것이다.

상대에 따라서 화제를 바꾸라는 권고 따위를 새삼스럽게 너한테 말할 필요는 없을 것이다. 가르쳐 주지 않았다고 해서 언제나 같은 화제를 같은 태도로 끄집어낼 정도의 바보는 아닐 테니까 말이다.

정치가에게는 정치가 취향의 화제가 있고 철학자에게는 철학자 취향의 화제가 있다. 물론, 여성에게는 여성 취향의 화제라는 것이 따로 있는 법이다. 인생 경험이 풍부한 사람이라면 그런 것쯤은 너무나 잘 알고 있다. 그 상대방에 따라서 몸의 색깔을 바꾸는 카멜레온처럼 자유자재로 색깔을 바꾸어 화제를 선택해라.

이것은 결코 비겁한 태도가 아니다. 인간의 교제에서 이는 없어서 안 될 윤활유와도 같은 것이라고 생각하면 된다. 굳이 네가 꼭 그 장소의 분위기 조성자가 될 필요는 없다. 분위기에 자기를 맞추는 것도 좋다.

그 장소의 분위기를 재빨리 읽고 진지하게도 되며 쾌활하게도 되면서, 필요하다면 농담도 하는 것이 바람직하다. 이것은 많은 사람들 속에 있을 때의 예절과 같은 것이다.

자기 자신이 일부러 말을 하지 않더라도 그 사람에게 장점이 있으면 그 장점은 자연스럽게 대화 속에서 스며 나오게 마련이다. 그리고 만약 자기에게 자신감을 가질 만한 화제가 없을 때는 구태여 자기가 화제를 택하기보다는 남이 하는 시시한 이야기라도 묵묵히 동조하며 듣는 편이 나을 것이다. 될 수 있으면 의견이 대립될 것 같은 화제는 피하는 것이 좋다. 그렇지 않으면 의견이 서로 나뉘어 험악한 분위기로 변할지도 모르니까. 의견이 대립되어 논쟁이 고조될 듯하면 말을 얼버무리든가 기지를 발휘해서 그 화제를 끝내는 편이 좋다.

'자기 이야기'만을 하지 말아라

그 어떠한 일이 있어도 절대로 해서는 안 되는 것은, 자기 자신의 이야기를 꺼내는 것이다. 이런 일은 절대로 피하도록 해라. 아무리 훌륭한 사람이라도 자기 이야기를 하려다보면 갖가지 가면을 쓴 허영심이나 자존심이 자연히 머리를 들고 나와서 다른 사람들에게 불쾌감을 주는 법이다.

자기 자신의 이야기에도 여러 가지가 있다. 화제의 흐름과는 무관한 자기 이야기를 갑자기 아무런 거리낌 없이 꺼내어 결국에는 자기 자랑으로 끝내는 사람이 있는데, 이는 매우 예의에 어긋나는 행동이다.

그리고 좀 더 교묘하게 자기 이야기를 끌어내는 사람도 있다. 예를 들면, 마치 자기가 이유 없는 비난을 받고 있는 것처럼 행동하며, 그런 비난은 부당하다_{본인이 그렇게 생각하고 있을 뿐이지만}고 말하듯, 자기의 장점을 내세우면서 자신을 정당화하고 결국은 자기 자랑으로 끝내는 것이다. 그들은 대개 이렇게 말한다.

"이런 말을 하는 것은 정말 창피해서 나도 말하고 싶지 않아요. 사실 말하지 않으려고 했습니다. 그렇지만 너무해요. 나도 내가 하지도 않은 일로 이렇게 심한 비난을 받지만 않았다면 결코 이런 말은 하지 않을 거예요."

분명히 정의라는 것은 누구에게나 있는 법이다. 그러므로 비난을 당하면 혐의를 벗기 위해서 평소에 잘 하지도 않는 말까지도 하게 된다. 물론 충분히 이해되는 행동이다. 그러나 그렇다면 이 얼마나 얄팍한 생각인가! 그것은 자신의 허영심을 위해서라면 창피를 무릅쓰고 겸손함을 내팽개쳐 버려도 좋단 말인가! 그런 겸손이란 결코 없다.

어떤 사람은 은근히 자기를 낮추는 방법으로 자기를 드러내는 사람도 있다. 이것은 더더욱 어리석은 행동이다. 그런 사람은 먼저 자기는 아주 나약한 사람이라고 고백한다. 그런 다음에 자신의 불행을 한탄하며, 기독교의 칠덕七德에 맹세를 한다. 하긴 그렇게 하면서도 다소는 부끄러움이나 망설임을 느끼고 있는 듯하지만 말이다. 그런 사람들은 까맣게 모르고 있다. 그런 식으로 불행을 한탄한다 해도 주위 사람들은 결코 동정하지도 도와주려 하지도 않으며 다만 난처해하고 당황할 뿐이라는 것을 말이다.

그런데 거기까지 생각하지 못하는 그들은 스스로 바보스러운 짓을 하고 있다는 것을 알면서도 푸념을 늘어놓을 수밖에 없는 것이다. 그들도 분명히 알고 있다. 자기처럼 결점투성이의 인간은 성공은 커녕 사회에서 순탄하게 살아가는 것조차 어렵다는 것을 말이다. 하지만 그렇다고 해서 그 버릇을 고치지도 못한다. 그래서 최후의 발버둥, 최후의 저항을 최대한으로 하고 있는 것이다. 그런 일이 있을 수 있느냐고 물을지도 모르지만, 이것은 사실이다. 앞으로 여기저기서 그런 사람들을 자주 마주치게 될 것이니 주의해서 잘 살펴보기 바란다.

'자기 자랑'으로 평가받는 사람은 없다

그러나 이처럼 허영심이나 자존심을 겉으로 드러내지 않는 사람은 그래도 나은 편이고, 심한 경우가 되면 정말로 시시한 것까지 증거로 내세우며 노골적으로 자기 자랑을 늘어놓는 사람이 있다.

오로지 칭찬 받고자 하는 생각만으로 자기 자랑을 늘어놓는 사

람을 너도 본 적이 있을 것이다. 그런데 그들의 이야기가 만일 진실이라 하더라도그런 일은 좀처럼 없지만그것에 의해 실제로 칭찬 받는 일은 거의 없을 것이다.

이를테면, 자기와 별로 관계 없는 일즉 자기는 저 유명한 아무개의 자손이라든가, 친척이라든가, 친구라고 하는 것 등을 자랑스럽게 이야기하는 사람이 있다.

"우리 할아버지는 아무개입니다. 백부는 아무개, 친구는 누구누구입니다……."라고 그칠 줄 모르고 계속 떠들어 댄다. 아마 제대로 한번 만난 적도 없는 사람들일 것이다. 그렇지만, 글쎄……, 그래도 좋다고 해두자.

그런데 그것이 정말이라고 해도 그것이 어쨌다는 말인가? 그렇다고 해서 그 사람이 훌륭한 사람이 되는가? 그렇지 않다.

또는 혼자서 와인 대여섯 병을 비웠다고 자랑스러운 듯이 말하는 사람이 있다. 그 사람을 위해서 감히 말하 건대, 그것은 거짓말이다. 그렇지 않다면 그 사람은 괴물일 것이다.

이와 같이, 예를 들자면 끝이 없을 정도로 우리 인간들은 허영심 때문에 바보스러운 말을 하거나 이야기를 과장하고 있다. 그리고 그 때문에 본래의 목적을 이루지 못하고 오히려 신뢰만 잃게 된다. 본질과 전혀 관계가 없는 얘기를 꺼내 자기 자랑을 늘어놓는다는 것은 스스로 속이 비어 있는 사람임을 다른 사람들에게 폭로하는 것과 다름이 없다.

잠자코 있어도 장점은 빛난다

이처럼 어리석은 행위를 하지 않는 유일한 방법은 자기의 이야기를 하지 않는 것이다.

사회생활에 필요한 이력 등 자기 자신의 이야기를 하지 않으면 안 될 때에도 자기 자랑을 하고 싶어서 얘기하고 있다고 오해받을 만한 말은 직접적인 것이든 간접적인 것이든 일체 안 하는 것이 좋다. 또한 자기 잘못을 자기 입으로 말하면 결점을 감출 수 있다든가, 장점이 더 빛날 것이라는 생각은 아예 하지도 마라.

그런 짓을 하면 결점은 더욱 두드러지게 나타날 것이고 장점은 흐려져 버린다. 사람들은 침묵하고 있으면 오히려 장점이 있다고 생각하는 법이다. 최소한 겸손하다고 생각할 것은 확실하다. 또한 불필요한 시기나 비난이나 비웃음을 받아 정당한 평가를 방해받는 일이 없다.

그러나 자기 결점을 아무리 교묘하게 감추고 있다고 하더라도 자기 스스로 그것을 말해 버리면, 혐오의 대상이 되고, 생각지도 않은 결과에 실망하게 된다. 그렇게 되지 않기 위해서는 무엇보다도 자기 스스로 자기의 얘기를 하지 않는 것이 좋다.

세상을 여는 지혜의 말 15

좋은 책은 좋은 친구와 같다.

자기 자신을
귀하게 여겨라

자기의 본심을 굳게 지켜라

무슨 생각을 하고 있는지 도무지 알 수 없거나 성격이 매우 어둡게 보이는 사람이 있는데, 그것도 칭찬 받을 일은 못된다. 그 이유는 우선 인상이 좋아보이지 않아 오해를 사기가 십상이다. 그리고 무엇을 생각하고 있는지 알 수 없는 사람에게는 아무도 자신의 속마음을 털어놓으려 하지 않을 것이다.

유능한 사람은 내면은 신중하더라도 그것을 겉으로 나타내지 않아 외면적으로는 누구와도 손쉽게 융합되어 싹싹하고 영리한 것처럼 행동하는 법이다. 자기 본심은 굳게 지키면서, 언뜻 보기에는 개방적인 것처럼 보이게 함으로써, 상대방의 경계심을 풀게 만든다. 이렇듯 자신의 본심을 지켜야 하는 까닭은 부주의하게 아무말이나 하게 되면 그 말이 어딘가에 인용되어 자기들 편리한 대로 이용되기 때문이다. 그러므로 상냥하게 행동하는 것과 마찬가지로 신중함도 중요한 요소이다.

대화할 때에는 상대방의 눈을 바라보아라

대화를 나눌 때에는 항상 상대방의 눈을 보아야 한다. 그렇지 않으면 무언가 찔리는 구석이 있는 것이 아닌가 하는 오해를 받게 된다.

또한 이야기를 하고 있는 상대방의 눈을 바라보지 않는 것은 예의에 어긋나는 행동이다. 천장을 쳐다보거나, 창밖을 내다보거나, 탁자 위에 놓인 담뱃갑을 들고 만지작거리거나 한다면 그런 행위가 지금 자기에게 얘기하고 있는 사람보다 더 중요하다는 의미로 비춰져 상대방을 실망시키게 된다. 자존심이 강한 사람은 그런 행동을 보면 분개하여 인상을 찌푸릴 것이다. 누구든 이러한 취급을 받고 자존심이 상하지 않는 사람은 아무도 없을 것이다.

또한 상대방의 눈을 보지 않는다는 것은 이쪽의 인상을 나쁘게 할 뿐만 아니라, 자기의 이야기가 상대방에게 어떻게 받아들여지고 있는가를 관찰할 기회를 스스로 포기하는 것과 같은 것이다. 상대방의 마음속을 읽으려면 귀보다도 눈에 의지하는 것이 낫다고 나는 생각하고 있다. 왜냐 하면, 생각하고 있지 않은 것을 입으로 말하기는 쉽지만, 눈에 나타내기는 극히 어려운 일이라고 생각하기 때문이다.

남을 헐뜯지 말아라

다음으로 주의해야 할 것은 자기가 자진해서 남의 추문에 귀를 기울이거나 말을 퍼뜨리거나 해서는 안 된다는 점이다. 그 때 당장은 즐거울지도 모른다.

그러나 냉정하게 생각해 보면, 그런 짓은 자신에게 아무런 득이 되지 않는다는 것을 알 게 될 것이다. 남을 헐뜯으면 헐뜯은 그 사람이 비난을 받을 뿐이다.

웃을 때도 품위가 있어야 한다

큰 소리로 웃는 행동을 삼가해라. 큰 소리로 웃는 것은 보잘것 없는 것에서밖에 기쁨을 찾지 못하는 우매한 자나 하는 행동이다. 진정으로 기지가 풍부한 사람, 분별 있는 사람은 결코 남을 바보같

이 웃게 하거나, 자기도 바보같이 웃거나 하지 않는다. 그들은 웃더라도 결코 소리내어 웃지 않고 미소를 지을 뿐이다.

너도 큰 소리로 천하게 웃는 따위의 행동은 절대로 따라 하지 말아라. 무슨 일이 있을 때마다 낄낄대고 웃는 것은 '나는 바보다'라고 표현하는 것과 같은 것이다.

예를 들면, 누군가가 의자에 걸터앉으려고 하다가 엉덩방아를 찧었다고 하자. 그러면 이 광경을 본 주변 사람들이 배꼽을 잡으며 큰 소리로 웃는다 ―이 얼마나 저속한 웃음인가?

그런데 그들은 그것이 즐겁다고 한다. 그들을 보고 있으면 천하고 못된 장난이나 시시한 우발 사건을 보고 폭소를 터뜨리는 것 말고는 마음이 풍요로워지고 표정이 밝아지는 즐거움을 모르느냐고 묻고 싶다. 게다가 그렇게 큰 소리로 웃는 것은 귀에 거슬리고 보기에도 좋지 않다.

경솔한 웃음은 약간의 노력만으로도 간단하게 참을 수 있다. 가까운 친지인 윌러 씨도 그의 인격은 지극히 훌륭하지만, 곤란하게도 웃지 않고서는 얘기를 하지 못한다. 이것을 잘 모르는 사람이 그의 그런 모습을 보면 머리가 약간 이상한 사람이라고 생각을 하는데, 그것도 어쩔 수가 없는 일이다.

이외에도 사람에게는, 그다지 인상이 좋다고는 할 수 없는 버릇이 많이 있다. 처음으로 사회에 나왔을 때 무료한 김에 묘한 흉내를 내거나 무의식중에 한 번 해본 동작이 그냥 그대로 몸에 굳어져 버린 것이 아닐까?

처음으로 사회에 진출 했을 때는 어떻게 처신해야 좋을지 몰라서 갖가지 표정을 지어보기도 하고 여러 동작을 시도해 보기도 하는 법이다. 그것이 어느 틈엔가 버릇이 되어 지금도 무심코 코를 손으로 비비거나 간혹 쓸데없이 머리를 긁적거리거나 모자를 만지작거리기도 하는 것이다. 보고 있으면 어딘지 모르게 어색하고 침착성이 없는 사람은 어딘가에 그런 버릇이 남아 있게 마련이다. 그런 사람은 우리 주위에 의외로 많다.

이러한 행동은 나쁜 행동이라 할 수는 없겠지만, 역시 보기에 좋지 않은 행동은 될 수 있는 대로 하지 않는 것이 좋다.

조직 활동에서
성공하는 비결

가벼운 말이라도 신중하게 하라

기지나 유머 혹은 농담은 어떠한 집단 안에서 밖에 통용되지 않는 경우가 많다. 그런 것은 특수한 토양에서 생겨나는 것인지도 모른다. 그러므로 다른 땅에 옮겨 심으려고 해도 무리일 때가 많다.

어떠한 조직이든 그 조직에 특유한 배경이라는 것이 있을 것이다. 거기에서 독특한 표현법이나 말씨가 생겨나고, 나아가서는 독특한 유머나 농담이 생겨나는 것이다. 그것을 토양이 다른 조직으로 가져가보면, 무미건조하고 아무런 재미도 없는 것이 당연할 것이다.

재미없는 농담만큼 비참한 것은 없다. 잔뜩 기대하고 앉아 있는 사람은 흥이 깨지고 심한 경우에는 무엇이 재미있는지 설명해 달라는 등 항의까지 듣게 된다. 그럴 때의 참담한 기분은 굳이 말하지 않아도 알 것이라 생각된다.

농담뿐만 아니다. 어떤 모임에서 들은 말을 다른 모임에 가서 함부로 입 밖에 내서는 안 된다. 얘기하는 당사자는 대단치 않은 일이라고 생각하고 얘기 할지 모르지만, 그 말이 돌고 돌아 상상 이상으로 중대한 사태를 초래하게 될지도 모르기 때문이다.

더구나 그런 행동은 우선 예의에 어긋난다. 법으로 규정되어 있는 것은 아니지만, 어디에서인가 들은 대화의 내용을 함부로 옮긴다는 것은 무언의 약속을 지키지 않는 것과 같다. 그렇게 되면 여기저기서 비난을 받게 되고 어디를 가나 좋게 받아들여지지 않게 된다.

공치사를 할 수 있는 것도 훌륭한 능력이다

어떠한 조직이든 그 조직의 말씨나 복장, 그리고 취미나 교양을 이끄는 인물이 있다. 그 인물이 만약 여성이라면 우선 미모와 기지, 복장, 그리고 그 밖의 다양한 면에 뛰어난 인물일 것이다. 그날의 좌석을 열광시켰는가 하는 것보다도 더 근본적 차원에서 조직을 이끌어 나갈 수 있는 인물인가 아닌가가 결정적 요인이 된다. 모든 사람의 시선이 이런 사람에게 집중되는 것은 자연스러운 일일 것이다.

일종의 위압감으로 이에 반대하면 어떻게 될까? 그야 물론 즉 각 추방이다. 어떠한 기지도 예절도, 취미도, 복장도, 당장에 거절 당한다. 그러므로 그런 사람에 대해서는 그저 순순히 따라 주는 게 좋다. 약간의 아첨도 무방하다.

그렇게 하면 강력한 추천장을 받은 것이나 다름없어서 그 조직 에서 뿐만 아니라 다른 조직에까지도 자유로이 출입할 수 있는 통 행증을 손에 넣을 수 있을 것이다.

세상을 여는 지혜의 말 16
 진정한 우정은 친구들의 수가 아니라 그 깊이와 소중함으로 판단할 수 있다.

작은 배려가
상대방을 감격시킨다

사소한 배려만으로도 상대를 감동시킨다

상대방을 화나게 하기보다 기쁘게 해 주고 싶고, 핀잔을 듣기보다 칭찬을 듣고 싶고, 미움을 받기보다 사랑을 받고 싶으면, 언제나 상대방에게 마음 쓰는 것을 잊지 말아야 한다. 그것도 아주 조그마한 마음이면 된다.

예컨데, 사람에게는 각기 나름대로의 습관이라든가 취미, 좋고 싫음 등의 감정이 있을 것이다. 그것을 주도면밀하게 관찰해서 좋아하는 것은 눈앞에 내놓고 싫어하는 것은 감춘다.

예를 들어 "당신이 좋아하는 술을 준비해 두었습니다." 이 말 한마디로 상대는 감격한다. 혹은 이렇게 말해도 좋다.

"그분을 그다지 좋아하지 않으시는 것 같아서 오늘은 초대하지 않았습니다." 그런 눈에 띄지 않는 작은 배려가 상대방의 마음을 감격하게 만들고, 자기에게 이토록 신경을 써 주고 있는가 하고 고맙게 생각하게 한다.

그 반대로, 상대가 싫어하는 것을 알고 있으면서도 부주의로 그것을 내놓거나 하면, 상대는 자신이 바보 취급을 당했다고 생각하거나 멸시를 당했다고 여기고 언제까지나 좋지 않게 생각할 것이다. 아주 사소한 것도 괜찮다. 사소한 것일수록 특별한 마음의 배려를 느끼고 훨씬 더 큰 일을 해 준 것보다 더 감사해할 것이다.

그뿐만이 아니다. 오직 사소한 배려로 그 이후 그 사람에게 호의를 갖게 되고 그 사람이 하는 행위 모두를 호의적으로 받아들이게 된다. 인간이란 그런 것이다.

인간은 칭찬 받고 싶어하는 감정이 있다

어떤 사람의 마음에 들고 싶고 그 사람과 친구가 되려고 생각한다면, 그 사람의 장점과 단점을 찾아내서 그 사람이 원하는 부분을 칭찬하는 방법도 있다.

사람에게는 실제로 우수한 부분과 우수하다고 인정 받고 싶어하는 부분이 있는 법이다. 우수한 부분을 칭찬 받는 것이 기쁜 것은 당연한 것이고, 그 이상으로 기쁜 것은 '우수하다고 인정받고 싶은 것을 칭찬 받는 것'이다. 이보다 더 자존심을 충족시켜 주는 것은 없다고 해도 좋을 것이다.

예를 들어, 당시의 정치가로서는─아니, 아마 지금까지의 정치가들 중에서라고 말해도 좋을 것이다─뛰어난 재능을 가지고 있었던 프랑스의 추기경 리슐리외의 경우를 되새겨 보기 바란다.

그는 정치가로서의 명성에 만족하지 못하고 시인으로서도 더 없이 우수하다고 인정받고 싶다는 부질없는 허영심을 가지고 있었다. 그 때문에 그는 위대한 극작가 코르네유의 명성을 질투한 나머지 다른 사람에게 명하여 <르 시드>의 비평을 쓰게 했다. 그러자 아부 잘하는 자들은 리슐리외의 정치 수단에 관해서는 극히 형식적인 범위에 그쳐 언급하고, 다른 한편으로는 시인으로서의 재능을 몹시 칭찬했던 것이다.

그들은 그렇게 하는 것이 자신들에게 호의를 갖게 만드는 최고의 명약이라는 것을 잘 알고 있었던 것이다. 인간은 어느 누구든지 타인으로부터 칭찬을 받고 싶어하는 마음이 있다. 그것을 찾아내려면, 평소에 그 사람이 즐겨 화제로 삼는 것을 잘 주의해서 관찰하면 된다. 대개는 자기가 칭찬 받고 싶은 것, 뛰어나다고 인정받고 싶은 것을 가장 많이 화제에 올리는 법이기 때문이다. 그곳이 바로 급소이다. 그곳을 공략하면 상대방은 반드시 감동할 것이다.

때로는 '못 본 척하는 것'도 필요하다

네가 오해는 하지 말기 바란다. 지금 나는 야비한 아첨을 이용해서 사람을 움직이게 하라고 말하고 있는 것은 아니다. 남의 결점이나 악행까지 칭찬할 필요는 없다. 그리고 칭찬해서도 안 된다. 오히려 그것은 미워해야 하고, 좋지 않다고 당당하게 말해주어야 한다.

그러나 꼭 유념해야 할 것이 있다. 인간의 결점이나 천박하고 실속없는 허영심에 대해서 어느 정도 눈을 감아주지 않으면 이 세상을 살아 나갈 수가 없다.

타인으로부터 실제보다 현명한 인간으로 인정받고 싶어 하는 마음, 또 아름답게 보이고 싶다는 생각이 다른 사람에게 해를 주는 것은 아니다. 그런 사람들에게 그런 생각을 하는 것은 잘못된 것이라고 충고해봤자 아무런 소용이 없다. 괜히 그런 말을 해서 불쾌한 인상을 주는 것보다는 차라리 다소의 공치사를 해서라도 그들에게 좋은 인상을 주고 친구가 되는 편이 낫다.

상대방에게 장점이 있다면 너도 기분 좋게 찬사를 보낼 수가 있을 것이다. 하지만 자기로서는 그다지 찬성할 수 없는 일이라도 사회에서 인정받고 있는 것이라면, 오히려 모른 체하고 찬성하는 편이 마음 편할 때가 있는 것이란다.

내가 볼 때 너는 남을 칭찬하는 재주가 조금 부족한 것 같더구

나. 그것은 인간이 얼마나 자신의 생각이나 취미를 지지 받고 싶어 하는지, 더 나아가서는 분명히 잘못된 생각이나 자신의 조그마한 결점까지도 너그러이 보아 주기를 바라고 있는지 아직 잘 모르고 있기 때문이다.

사람에게는 각기 특유한 사고방식, 행동양식, 성격, 외관 등이 있다. 그것들에 관해서는 가타부타 얘기하지 않는 것이 일종의 불문율처럼 되어 있다. 그러므로 조금쯤 사실과 다르더라도, 그것이 특별히 나쁜 일이나 자기의 위신을 손상시키는 일이 아니라면 순응해 나가는 것도 중요하다.

듣지 못하는 곳에서 받는 칭찬이 가장 기쁘다

상대방을 가장 기쁘게 하는 칭찬 방법은 다소 전략적이기는 해도 그 사람이 없는 곳에서 그를 칭찬하는 것이다. 그렇다고 오직 뒤에서 칭찬만 하는 것으로는 의미가 없다. 그 말이 확실하게 칭찬을 한 상대방에게 전달되어져야만 된다.

중요한 것은 칭찬의 말을 정확히 전달해줄 사람을 선정하는 일이다. 그 말을 전달함으로써 그 사람도 이득을 볼 수 있는 사람을 찾는 것이 좋다. 그렇게 하면 확실히 전달해 줄 뿐만 아니라 십중팔구 과장해서 칭찬해 줄지도 모른다. 남에 대한 찬사 가운데 이처럼 기쁜 것, 효과적인 것은 없다고 해도 과언이 아니다.

이제까지 말해 온 것들은 앞으로 사회생활의 첫발을 내딛게 되는 네가 기분 좋은 교제를 하는 데 필요한 것들이라고 생각하여도 좋다.

나도 네 나이 때 이런 것들을 알고 있었더라면 얼마나 좋았을까? 나의 경우 이 정도의 것을 아는 데 무려 35년이란 세월이 걸렸다. 그렇지만 지금 네가 그 열매를 거두어 준다면 후회는 없다.

진정한 강자란
어떤 사람인가

세상에서 최고 강자는 누구일까?

이 세상에 적이 없는 사람은 없고, 또한 모든 사람에게 사랑 받는 사람도 없다. 그러나 그렇다고 해서 사랑 받는 노력을 하지 않아도 좋다는 것은 아니다.

나의 오랜 경험으로 볼 때, 친구가 많고 적이 적은 사람이 이 세상에서 가장 강한 사람이다. 그런 사람은 원한을 사거나 질투를 받거나 하는 일이 좀처럼 없으므로 누구보다도 순탄하게 출세하고, 만일 몰락하더라도 사람들의 동정을 받아 욕을 먹지 않는다.

이런 관점에서 볼 때, 친구가 많고 적이 적다는 것은 항상 마음에 새겨 두고 노력해 볼 가치가 있는 하나의 목표가 아니겠느냐?

자상한 배려가 자신을 지키는 최고의 무기이다.

너는 세상을 떠난 오몬드 공작의 얘기를 들은 적이 있느냐? 머리는 좋지 않았으나 예의범절에 대해서는 그를 따를 사람이 없는, 이 나라 제일의 인품을 자랑했던 인물이다.

본래부터 싹싹하고 다정한 성격인 데다가 궁정 생활이나 군대 생활에서 몸에 익힌 유연한 태도와 자상한 마음의 배려가 더해져 그 매력은 이 사람의 무능함을 보충하고도 남을 정도였다.

그래서 누구에게서도 높은 평가는 받지 못했지만 누구에게서나 사랑을 받았다. 그 인망人望의 진가가 가장 현저하게 나타난 것은 앤 여왕의 사후, 불온한 움직임을 보인 사람들이 탄핵 재판을 받게 되었을 때 그들의 행위에 동조했다는 혐의로 오몬드 공작에 대해서도 형식상 동일한 처벌을 내릴 필요가 생겼을 때였다.

그는 탄핵을 받기는 했지만, 당시 정당간의 치열한 다툼에도 불구하고, 그 탄핵은 공작을 철저하게 몰락시키려는 의도와는 거리가 먼 것이었다.

오몬드 공작 탄핵 결의안은 다른 어느 누구보다도 훨씬 적은 찬성표로 상원을 통과했다. 그리고 탄핵의 주동자이기도 했던 당시의 국무대신 스탠호프가 즉시 앤 여왕의 뒤를 이은 조지 1세와 재빨리 교섭하는 등 조정에 나서 다음날은 공작을 왕에게 접견시킨다는 방도까지 세워 놓고 있었던 때였다.

오몬드 공작을 빼앗겨서는 이 재판에 이길 수 없다고 판단한 스튜워트 왕조 부활파의 로체스터 주교가 급히 이 머리가 모자라는 가엾은 공작에게로 달려가서, "조지 1세와 접견해 봤자 불명예스러운 복종을 강요당할 뿐 용서받을 수 없다."고 장담하고 오몬드 공작을 도망치게 했던 것이다.

그 후 오몬드 공작의 특권 박탈이 가결되었을 때도 그에 항의하는 대중이 치안을 문란케 하는 등 대소동이 있었다. 공작에게는 적은 없었지만 호감을 가지고 있는 사람이 몇천 명이나 있었기 때문이다.

이런 일도 모두 그 근본 원인은, 공작이 남을 기쁘게 해 주고자 하는 자애로운 마음씨를 가지고 있었고, 그것을 성실히 실천했기 때문이었다.

세상을 여는 지혜의 말 17

주먹을 쥐고 있으면 악수 할 수 없다.

8장

자신의 품격을 높여라

진정으로 가난한 사람은 적게 가지고 있는
사람이 아니라 더 많은 것을 갈망하는 사람이다.

— 세네카

사람의 마음을
사로잡는 기술

우아함과 견고함을 함께 갖춘 건물이 되어라

너라는 건조물은 이제 뼈대가 거의 완성되어 가는 단계에 다가
가고 있다. 남은 일은 너라는 존재를 어떻게 아름답게 마무리를 하
느냐가 관건이고 너의 의무이며 나의 관심사이기도 하다.

너는 온갖 우아함과 지성과 소양을 몸에 지녀야 한다. 물론 그
것들은 뼈대가 튼튼히 서 있지 않으면 보잘것없는 장식에 불과하
지만, 뼈대가 튼튼하다면 그것은 너의 존재를 돋보이게 할 것이다.
하지만 아무리 튼튼한 뼈대라도 장식이 없으면 매력이 반감될 수
도 있다.

너도 토스카나식 건축에 대해서 잘 알고 있을 것이다. 그 건축
양식은. 모든 건축 형식 중에서 가장 튼튼한 양식이다. 그러나 아
주 세련되어 있지 않은 멋없는 양식이기도 하다. 튼튼하다는 점에

서 말하자면 큰 건축물의 기초나 토대에는 안성맞춤이라고 할 수 있지만, 건물 전체를 토스카나 식으로 짓는다면 과연 어떤 모양의 건물이 될까? 아무도 그 건물을 눈여겨보는 사람은 없을 것이고, 그 앞에서 멈춰 서는 사람도, 하물며 안으로 들어가 보려는 사람은 더더욱 없을 것이다.

정면이 멋이 없고 촌스럽고 보기 싫으니 안은 보나마나 뻔하다고 생각지 않겠느냐?. 그러니 구태여 안으로 들어가서 장식을 볼 필요가 없다고 생각하는 것도 무리가 아닐 것이다.

그런데 토스카나식 토대 위에 도리아식, 이오니아식, 코린트식의 기둥이 늘어서서 아름다움을 뽐내고 있다면 어떻게 될까? 건축물 같은 것에 전혀 관심이 없는 사람이라도 자신도 모르게 시선을 빼앗길 것이고, 아무리 바삐 지나가는 사람이라도 저도 모르게 발걸음을 멈추게 될 것이다. 그리고 내부 장식이 궁금해서 저절로 들어가 살펴보게 될 것이다.

'자기를 보다 돋보이게 하는 재능'을 연마해라

여기에 한 사나이가 있다. 지식이나 교양은 그저 그렇지만 보기에 인상이 좋고 말하는 솜씨에도 호감이 간다. 말하는 것과 행동이 모두 품위가 있고 정중하고 붙임성이 있고 등등……, 말하자면 자기 자신을 좋게 보이게 하는 재능이 뛰어난 인물이다.

여기에 또 한 사람의 사나이가 있다. 지식이 풍부하고 판단력도 정확한 사나이다. 그렇지만 먼저 말한 사나이에게 있었던 것과 같은, 자신을 좋게 보이게 하는 재능은 결여되어 있다. 자, 어느 쪽 사나이가 세상의 풍파를 더 잘 헤치고 나갈 수 있을까? 그렇다, 분명히 앞쪽이다. 장식품을 많이 달고 있는 인물이 자기를 장식하려고 하지 않는 인간을 마음대로 농락할 것이다. 별로 현명하다고 할 수 없는 사람들의 마음을 붙잡는 것은 언제나 겉모양이다. 그들에게 있어서는 예의범절이나 몸가짐이나 응대하는 방법이 전부인 것이다.

그 이상 내면은 보려고 하지 않는다. 그렇지만 그것은 현명한 사람도 마찬가지이다. 눈이나 귀에 거슬리는 것, 마음을 움직이지 않는 것에 대해서는 관심을 갖지 않는 법이다.

항상 '품위'를 지키려고 노력하라

사람의 마음을 사로잡고 싶으면 먼저 '오감'에 호소하는 것이 중요하다. 눈을 즐겁게 해 주고 귀를 즐겁게 해 준다. 그렇게 해서 이성을 꼼짝 못하게 해 놓고 마음을 빼앗는 것이다.

그런 의미에서는 '철두철미하게 품위를 유지하라'고 권하고 싶다. 똑같은 일이라도 품위가 느껴지는 것과 그렇지 않은 것과는 받아들이는 쪽에서 볼 때 하늘과 땅 만큼의 차이가 생기니까 말이다.

잠깐 생각해 봐라. 행동도 우물쭈물하고, 옷차림도 단정치 못하고, 말도 더듬거리거나 조그만 소리로 우물우물하고, 동작에도 주의가 집중되어 있지 않은, 이러한 사람을 처음 만난다면 어떤 인상을 갖게 될까? 그 사람에 대해서 아무것도 모르고 있음에도 불구하고, 또 어쩌면 그 사람이 굉장히 훌륭한 것을 가지고 있는지도 모르고 있음에도 불구하고, 그 사람의 내면까지 판단해볼 마음의 여유도 없이, 그 사람을 마음속에서 거부해 버리는 것은 아닐까?

그런데 그와는 반대로 말과 행동이 모두 고상하고 품위가 느껴지는 사람이라면 어떨까? 그 사람의 내면을 속속들이는 몰라도 그 사람을 본 순간 이미 마음을 빼앗겨 그 사람에게 호의를 갖게 될 것이다.

무엇이 어찌하여 그렇게 사람의 마음을 끄는 것인가를 설명하기는 좀 어렵다. 그러나 한 가지 분명하게 말할 수 있는 것은, 말로는 설명할 수 없는 무엇인가가, 사소한 동작이나 말이, 그 한 가지만으로는 그다지 빛나지 않는데 많이 모이면 찬란하게 빛나기 시작하여, 그것이 사람의 마음을 사로잡고 놓아 주지를 않는 것이 아닌가 하는 것이다. 마치 모자이크가 그 한 조각만으로는 아름답지 않지만, 모이면 하나의 무늬가 되어 아름다운 것과 마찬가지다.

산뜻한 옷차림, 부드러운 동작, 절도 있는 몸가짐, 듣기 좋은 목소리, 구김살 없고 그늘이 없는 표정, 상대방에게 맞장구치면서도 분명한 말솜씨 이외에도 많이 있지만, 이런 것들 하나하나가 왠지 사람의 마음을 사로잡고 놓지 않는 작은 요소임에 틀림없다. 적어도 나는 그렇게 생각하고 있다.

다른 사람의 '장점'을
끝까지 흉내 내라

뛰어난 인물의 장점을 흉내 내라

타인의 마음을 사로잡는 행동은 누구든지 몸에 익힐 수 있다. 뛰어난 사람들과 자주 어울릴 수 있는 입장에 있고, 자기에게 그럴 마음만 있다면 반드시 할 수 있다. 그들을 주의해서 관찰하고, 그들이 하는 대로 따라 하면 된다. 그렇게 하면 자신도 할 수 있게 된다.

우선 어떤 사람을 처음 만났을 때 왠지 모르지만 눈이 끌려 호감을 갖게 되고 좋은 사람이라고 생각되는 사람이 있다면, 자신을 끌어당기는 그 말과 행동을 잘 관찰하여 무엇이 그렇게 좋은 인상을 주고 있는가를 생각하기 바란다.

대개는 여러 가지 이유가 있겠지만, 겸손하면서도 당당한 태도이기도 하고, 비굴하지 않게 경의를 표하는 방법이기도 하고, 우아하고 꾸밈이 없는 몸의 움직임이나, 절도 있는 옷차림이기도 할 것이다.

아무튼 그것을 알았으면 일단 흉내를 내도록 해라. 그러나 그때 자기 개성을 버리고 흉내내서는 안 된다. 위대한 화가가 다른 화가의 작품을 모사하듯이 '미美'라는 관점에서나 '자유'라고 하는 관점에서나, 결코 원작보다 뒤떨어지지 않도록 심혈을 기울여서 모방해야 한다.

복제가 되지 않도록 흉내 내라

모든 사람으로부터 예의범절도 훌륭하고 호감을 가질 수 있는 인물이라고 인정받고 있는 사람을 만나면, 그 사람을 주시해서 주의 깊게 관찰해 보는 것이 좋다.

윗어른을 대할 때 어떠한 태도와 말투로 대하는가? 자기와 지위가 같은 사람과는 어떻게 교제를 하고 있으며, 자기보다 지위가 낮은 사람과는 또 어떻게 교제를 하고 있는가를 자세히 관찰해 보아라. 오전 중에 사람을 방문했을 때에는 어떠한 내용의 얘기를 하고 있는가, 식탁에서는, 저녁 모임에서는 어떤가 등등을 세밀히 관찰해서 그대로 따라 해 보는 것이다.

그렇다고 무턱대고 흉내만 내서는 안 된다. 그러면 그 사람의 '복제물'이 되기 때문이다.

그렇게 노력하는 동안 너는, 그 사람이 남을 소홀히 다룬다거나, 남을 무시한다든가 자존심을 손상시킨다든가 하는 일은 절대로 하지 않는다는 것을 알게 될 것이다.

그와 동시에 상대하는 사람에 맞추어서 경의를 표하거나, 평가를 하거나, 배려를 하는 등 상대방을 기쁘게 하여 마음을 붙잡고 있다는 것도 알 수 있을 것이다. 뿌리지 않은 씨는 자라지 않는 법, 호감이 가는 인물도 결국 정성 들여 씨를 뿌려 풍성하게 맺은 열매를 수확하고 있는 것이다. 호감을 얻을 수 있는 언행은, 실제로 흉내를 내고 있는 동안에 반드시 몸에 익힐 수 있다. 그것은 현재의 자기를 뒤돌아보면 쉽게 알 수 있다.

현재의 자기의 반 이상은 흉내로 이루어져 있는 것은 아닐까? 중요한 것은 좋은 본보기를 선택하는 일, 그리고 무엇이 좋은가를 판별하는 일이다. 인간이라는 것은 평상시에 자주 이야기를 나누고 있는 상대의 분위기, 태도, 장점, 단점뿐만 아니라 사고방식까지도 무의식중에 받아들이게 되는 법이다.

내가 알고 있는 몇몇 사람도 그 자신들은 그다지 대단한 머리를 가지고 있는 것도 아닌데, 평소에 현명한 사람들과 교제하고 있기 때문에 생각지도 못한 멋진 기지를 발휘할 때가 있다.

너 또한 내가 항상 말하고 있는 것처럼 훌륭한 사람들과 교제하게 되면, 특별히 신경을 쓰지 않아도, 자기도 모르는 사이에 그들과 비슷해질 것이다. 거기에 집중력과 관찰력이 더해지면 얼마 안 가서 그들을 능가하는 사람이 될 것이다.

어떤 사람이든 네 스승이 될 수 있다

자기 주위에 호감을 가질 수 있는 인물이 없다면 어떻게 하면 좋을까? 그렇다면 누구든지 좋으니 주변에 있는 사람을 유심히 관찰하도록 해라.

아무리 훌륭한 사람이라도 온갖 장점을 다 가질 수는 없는 것처럼 하찮게 보이는 사람이라도 반드시 한 가지 장점은 있게 마련이다. 그것을 흉내 내어 좋은 부분을 거울로 삼으면 되는 것이다. 그리고 좋지 않은 부분은 타산지석으로 삼으면 된다.

그렇다면 호감이가는 사람과 그렇지 못한 사람의 차이점은 무엇일까? 그것은 말하는 내용은 같아도 태도가 전혀 다른 것으로서 그것이 바로 호감을 얻는 이유이다. 세상에서 환영받고 있는 인물도, 품위를 전혀 느낄 수 없는 인물도, 이야기하고 움직이고 옷을 입고 먹고 마시는 데에는 다를 것이 없다. 다른 것이 있다면 그 방법과 태도이다.

그러므로 화술이나 걸음걸이, 식사 태도 등이 다른 사람에게 좋지 않은 인상을 주고 있는지를 자세히 관찰한다면, 자신이 어떻게 행동하면 좋을지를 자연히 알게 될 것이다.

세상을 여는 지혜의 말 18

열정을 상실한 사람은 노인이나 다름없다.

우아한 자세가
사람의 마음을 사로잡는다

우아하게 서고 걷고 앉는 법

실제로 사람의 마음에 호소하려면 어떻게 하면 좋을까? 다음 몇 가지의 항목으로 정리해 보려고 한다. 너한테 참고가 된다면 다행이겠다.

지난번 나는, 너를 항상 칭찬해 주는 하비 부인으로부터 편지를 받았다. 네가 어떤 모임에서 춤을 추고 있는 것을 보았는데, 아주 우아하고 아름다운 몸놀림이었다는 것이 그 편지의 내용이었다. 나는 무척이나 기뻤다. 댄스를 우아하고 아름답게 출 수 있다면, 일어서는 것도, 걷는 것도, 앉는 것도 우아하게 할 수 있음에 틀림없다고 생각했기 때문이다.

서고, 걷고, 앉는다는 것은 동작으로서는 단순한 동작이지만 춤을 잘 추는 것보다 훨씬 중요한 것이다. 내가 아는 사람 가운데 춤

은 서투른데 몸 동작이 아름다운 사람은 있지만 춤은 잘 추는데
몸 동작이 보기 흉한 사람은 한 사람도 없다.

　예쁘게 일어설 수도 있고 예쁘게 걸을 수도 있는데 예쁘게 앉
을 수 없는 사람은 그리 흔치 않다. 또한 사람들 앞에 나서기만 하
면 긴장하여 위축되어 버리는 사람이 있는가 하면, 부자연스럽게
등을 세우고 딱딱한 자세로 앉는 사람도 있다. 싹싹하고 조심성
없는 성격의 사람은 의자에 온 체중을 맡기듯 기대어 앉는 경향이
있다. 이런 자세는 상당히 친밀한 사이가 아니면 좋은 인상을 주
지 못한다.

　모범적으로 앉으려면, 우선 마음을 편하게 하고 겉으로도 그렇
게 보이도록 온 체중을 의자에 맡기지 말고 편안히 앉아야 한다.

몸을 딱딱하게 하여 부동의 자세를 취하는 것이 아니라, 힘을 빼고 자연스럽게 말이다. 물론 너는 잘 하리라 생각하지만 혹시, 그렇지 않다면 시간을 내어 연습을 하는 것이 좋다.

극히 사소한 동작의 아름다움이 여성뿐만 아니라 남성의 마음까지도 사로잡는 법이다. 그것은 직장에서도 마찬가지다. 우아한 동작이 얼마나 사람의 마음을 매료시키는지 명심할 일이다.

예를 들어 한 여성이 부채를 떨어뜨렸다고 하자. 유럽에서 가장 우아한 남성이나 가장 우아하지 않은 남성이나 그것을 주워서 건네주는 것에는 다름이 없다.

그렇지만 그 결과에는 커다란 차이가 있다. 우아한 남성은 주워줌으로 인해 감사를 받겠지만, 우아하지 못한 남성은 그 동작이 자연스럽지 못하기 때문에 웃음거리가 되어 버린다.

우아한 행동을 하는 것은 공공장소에만 국한되는 것이 아니다. 일상적인 장소에서도 만찬가지다. 작은 일이라고 해서 소홀히 여기면 막상 하려고할 때 할 수 없게 된다. 커피 한잔을 마시더라도, 찻잔을 잘못 들어 잔 안에서 커피가 튀는 일이 없도록 조심을 할 일이다.

옷차림으로 인격을 알 수 있다

너도 이제 슬슬 옷차림에 신경을 써야 할 나이가 되었다. 나는 상대방의 옷차림을 보고 그 사람의 됨됨이를 미루어 짐작한다. 이는 다른 사람들도 마찬가지일 것이다.

나의 경우, 옷차림에서 조금이라도 과시하는 것 같은 느낌이 느껴지면, 그 사람의 사고방식이 조금 일그러져 있는 것이 아닌가 하고 단정짓게 된다. 거창하고 화려하게 옷을 입고 있는 사람을 보면, 머리가 비어 있음을 감추기 위해서 일부러 그런 차림을 하고 있는게 아닌가 하고 경멸하게 된다.

또한 옷차림에는 전혀 신경을 쓰지 않아, 신분을 구별할 수 없는 사람도 그 인격을 의심하지 않을 수 없다. 현명한 사람은 옷차림에 개성이 드러나지 않도록 신경을 쓰는 법이다. 결코 자기만 특별하게 눈에 띄는 옷차림을 하지 않는다. 그 사회의 지식인이나 사람들과 똑같은 정도의 옷차림을 할 뿐이다. 옷차림이 지나치게 화려하면 가벼워 보이고, 반면 초라하면 복장에 신경을 쓰지 않는 것이 되어 실례가 되는 법이다.

내 생각으로는 젊은이의 경우, 초라하기보다는 조금 화려하다고 할 정도가 좋겠다. 이런 화려한 옷차림은 나이가 들면 조금씩 수수해지지만, 지나치게 무신경한 것도 좋지 않다.

그러므로 주위 사람들이 화려한 옷차림을 하고 있을 때에는 자신도 화려하게, 간소하게 하고 있을 때에는 자신도 간소하게 입는 것이 좋다. 다만 언제나 바느질이 잘된 옷, 몸에 꼭 맞는 옷을 입을 것, 그렇지 않으면 부자연스럽고 어색한 느낌이 든다.

또 일단 그날의 복장을 결정하고 그 옷을 입었으면, 두 번 다시는 복장에 대해서 생각하지 말아야 한다. 콤비네이션이 이상하지 않은가, 색깔 조화가 잘 이루어지지 않지는 않은가 등등을 생각하고 있으면 동작이 딱딱해진다. 일단 몸에 걸치고 나면 두 번 다시는 옷차림에 대해서 생각하지 말고 자연스럽게 기분 좋게 움직여야 한다.

그리고 헤어스타일에도 신경을 쓰도록 해라. 머리 모양도 복장의 일부다. 또한 신발도 깨끗하지 않으면 지저분한 인상을 주게 되므로 신경 써야 할 부분이다.

그리고 남에게 좋은 인상을 주려면 청결이 특히 중요하다. 손이나 손톱도 항상 깨끗이 해야 하며, 매일 식사후에는 이도 반드시 닦아야 한다. 먼 훗날 자기의 이로 음식을 씹기 위해서라도, 그 견딜 수 없는 고통을 경험하지 않기 위해서라도 주의를 게을리 해서는 안 된다. 게다가 충치가 있으면 고약한 냄새를 풍기게 되므로 주위 사람들에게도 큰 실례가 된다.

'표정'을 닦으면 마음도 닦인다

사람의 마음을 사로잡는 요인은 여러 가지가 있지만, 그 중에서도 표정이 가장 효과적이다. 그런데 너는 아직 이것을 전혀 모르고 있는 것 같더구나.

대개 사람들은 용모에 자신이 없으면 그것을 감추고 보완하기 위해 필사적으로 노력을 하는 법이다. 그것은 못생긴 사람일수록 더더욱 그렇다. 조금이라도 좋게 보이기 위해 고상한 척 행동해 보기도 하고, 상냥하게 미소를 지어 보이기도 하고, 하여튼 눈물 겨울 정도 노력을 한다.

그런데 너는 네 표정에 대해서 어떻게 생각하느냐? 네 나름대로 너의 표정이 사나이답고, 사려 깊으며, 결단력이 강한 표정을 하고 있다고 생각하고 있을지 모르지만 그것은 당치도 않은 착각이다. 크게 생각해서 봐준다고 해도 네 표정은 위엄 있게 보이려고 애쓰고 있는 어색한 하사관 정도의 표정같다.

내가 알고 있는 어떤 젊은이는 의원에 처음 선출되었을 때, 자기 방에서 거울을 보고 표정과 동작 연습을 하고 있는 것을 들켜서 웃음거리가 된 적이 있다. 그러나 나는 웃을 수가 없었다. 오히려 이 젊은이는 그것을 보고 웃고 있는 사람들보다 훨씬 판단력이 뛰어난 사람이라고 생각했기 때문이다. 그는 알고 있었다. 공공 장소에 나갔을 때 표정과 동작이 얼마나 중요한가를 말이다.

이런 말을 하면 너는 틀림없이 이렇게 말할 것이다.

"그렇다면 온순한 표정을 짓기 위해 하루 종일 신경 쓰고 있으라는 말입니까?"

그것에 대해 얘기하겠다.

"하루 온종일씩 몇달을 신경 쓰라는 것이 아니다. 2주일 정도면 충분하다. 한 2주일 정도라도 좋으니 좋은 표정을 지을 수 있도록 노력하기 바란다."

먼저 눈가에 항상 부드러운 표정을 짓도록 해라. 그리고 전체적으로 미소짓고 있는 듯한 표정이 좋다. 그런 의미에서는 성직자의 표정을 유심히 보고 배우는 것이 좋다.

선의가 넘쳐 보이고, 자애가 가득하고, 위엄이 받쳐주고 있기 때문에 사람들의 마음을 끌어당겨 호감을 사게 되는 것이다. 표정이 좋지 않으면 아무리 춤을 잘 추고 단정한 옷차림에 정갈한 머리 모양을 하고 있어도 아무 소용이 없다는 걸 명심해야 한다.

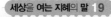

세상을 여는 지혜의 말 19

사물을 똑바로 인식하는 습관을 길러라

호감형 인간이 되기 위해
부단한 연구를 해라

그 무엇보다 호감을 사는 행동을 익혀라

내가 다음에 이야기하는 것들을 몸에 익힐 수 없다면, 지식이 아무리 깊다 해도, 그리고 아무리 약삭빠르게 처신을 해도 생각대로 일이 이루어지지 않을 것이다.

너에게는 지금이야말로 남에게 호감을 사는 행동을 몸에 익힐 때이다. 지금 익히지 못하면 평생 익히지 못할 것이다. 그러므로 다른 일들은 모두 뒤로 돌리고 지금은 이 일에만 몰두해야 할 것이다. 건강한 육체에 매력적인 외모가 합쳐진다면 그보다 훌륭한 것은 없다. 내가 외모를 잘 가꾸라는 내용의 편지를 쓰는 것을 융통성이 없는 획일적인 인간이나 세상을 등진 현학적인 인간이 안다면 어떻게 생각할까? 아마 몹시 경멸하는 표정을 하고, '아버지가 자식에게 주는 교훈이라면 그보다 더 좋은 것이 얼마든지 있을

텐데…….'라고 말할 것임에 틀림없다.

아마도 그들의 사전에는 '호감을 갖는다'라든가 '남에게 호감을 산다'라는 말은 없을 것이다. 그러나 현실적으로 이 말이 존재한다는 것은 그만큼 사람들이 '호감을 산다'라는 것을 화제로 삼고, 그것에 관심을 가지며, 그렇게 되기를 원하고 있기 때문이다. 결코 무시하고 웃어 넘길 일이 아니다.

예의범절의 중요성에 대해서

세상의 젊은이들 중에 생각 이상으로 예의가 없고 경박해보이는 인간이 많은 이유는 그 부모들이 예의범절을 가볍게 여기고 있든가, 아니면 전혀 관심이 없든가에 그 원인이 있는 것 같다.

그들은 기초 교육과 대학교육 그리고 유학 등 교육을 다 시키기는 한다. 그러나 자녀에 대해서 무관심하거나 부주의하거나 각 교육 과정에서 자기 자식이 어떻게 성장하고 있는가를 관찰하는 일도 없이, 또는 관찰했다 해도 그것을 판단하는 일 없이 그냥 속절없이 세월만 보내고 있는 것이다.

그리고 자신을 위로하기 위해서 '문제없어. 틀림없이 다른 집 아이들처럼 잘해 나가고 있을 거야.'라고 합리화 시킨다.

그러나 그 아이들은 다른 아이들과 똑같이 학교에 다니고는 있지만 제대로 하고 있는 것은 아니다. 그들은 학창 시절의 습관대로 천박한 장난을 계속한다. 또한 대학생 때 몸에 밴 편협한 태도를 버리지 못하고, 유학 중에 몸에 밴 거만하고 불손한 태도를 고치지 않는다. 그런 것은 부모가 주의를 주지 않으면 그 누구도 얘기해주지 않기 때문에 고칠 수가 없는 것들이다. 그렇기 때문에 젊은이들은 자기가 눈을 가리고 싶을 정도의 태도를 몸에 익히고 있다는 것은 조금도 모르는 채, 오로지 못된 망아지 엉덩이에 뿔 나는지도 모르고 무례한 행동을 계속하고 있는 것이다.

앞에서도 수차 얘기했지만 자식의 예의범절이나 사람을 대하는 태도를 진실하게 말해 줄 수 있는 사람은 오직 아버지뿐이다. 그것은 자식이 어른이 되어서도 변함이 없는 진리이다. 아무리 친한 친구라도 아버지와 같은 풍부한 경험은 없거니와, 또한 주의나 충고 같은 것은 할 수도 없다.

너는 나와 같이 충실하고 우호적이며 눈이 밝은 감시자를 가지고 있어서 천만 다행이라는 것을 알아야 한다. 네가 나의 눈을 피할 수 있는 것은 하나도 없다고 해도 좋을 것이다. 너에게 결점이 있으면 그것을 재빨리 발견하여 고치도록 하고, 장점이 있으면 재빨리 발견하여 칭찬을 보내는 것, 이것이 바로 어버이로서의 의무이자 책무라고 생각한다.

9장

자, 이제 세상으로 나아가 너 홀로 서라

행복은 생각하고 말하고 행동하는 것이 일치할 때 찾아온다

— 마하트마 간디

언행은 부드럽게,
의지는 굳건하게 하여라

부드럽고 굳건한 사람이 되어라

내가 너에게 당부한 말 중 '언행은 부드럽게, 의지는 굳게'라는 말을 하면서 앞으로의 네 삶에 있어 항상 이 말을 기억하고 행동하기 바란다고 부탁한 적이 있는데, 아직 기억하고 있는지 모르겠구나. 이 말만큼 인생전반에 걸쳐 활용할 수 있는 말은 없다고 해도 과언이 아닐 것이다.

오늘은 이 말에 관해서 나이 든 설교자가 된 심정으로 설교해 보겠다. 먼저 이 말을 구성하는 두 가지 요소, '언행은 부드럽게'와 '의지는 굳게'에 관해서 설명하겠다. 다음에는 이 두 가지가 하나가 되었을 때 어떠한 효과를 가져오는지에 대해서, 그리고 마지막으로 그 실천에 대해서 이야기하고자 한다.

사람을 대하는 언행이 부드럽기만 할 뿐 의지가 강하지 못하면 어떻게 될까? 그는 타인에게 호감은 사겠지만 결국 비겁하고 심약한, 소극적인 인간으로 전락하고 만다.

그렇다면, 의지는 강한데 언행이 부드럽지 못한 사람의 경우는 어떨까? 그런 부류의 사람은 용맹스럽고 사나울 뿐인 저돌형 인간이 될 것이다.

이상적인 인간이 되기 위해서는 이 양쪽을 다 갖추는 것이 바람직하겠지만, 그런 사람은 여간해서 흔치가 않다. 의지가 굳센 사람 중에는 혈기 왕성한 사람이 많으며, 이들은 언행이 부드러운 것을 '연약함'이라고 단정짓고 무엇이든지 힘으로만 밀어 붙이려고 한다.

이런 사람은 상대가 내성적이고 소심한 사람이라면 자기 뜻대로 일이 진행되지만, 그렇지 않은 경우에는 상대의 분노나 반감을 사서 목적을 달성하기가 어렵다. 또 언동이 부드러운 사람 중에는 교활하고 영악한 사람이 많다. 그런 사람은 유연한 대인관계를 빌미삼아 자신의 뜻을 이루려고 한다. 이런 부류의 사람은 자신의 의지에는 전혀 개의치 않고, 모든 일을 그때 그때 상대방의 비위에 맞춰 나간다. 이런 사람은 어리석은 사람은 속일 수 있어도, 그 이외의 사람은 속일 수 없고, 금세 가면이 벗겨지고 만다.

언행의 부드러움과 의지의 굳건함을 겸비할 수 있는 사람은 오직 지혜로운 사람뿐이다.

강한 의지일수록 부드러움으로 감싸라

그렇다면, 이 두 가지를 함께 겸비하고 있다면 어떤 이점이 있을까? 남에게 명령을 내리는 입장에 있을 경우, 자애로운 태도로 명령을 내리면 그 명령은 기꺼이 받아들여져 기분 좋게 실천으로 옮겨질 것이다. 그런데 강압적으로 명령을 내리면 기계적으로 수행하게 되든가 중간에서 그만두고 말 것이다.

예를 들어 내가 부하에게, "포도주를 한잔 가져와!" 하고 강압적으로 명했다고 하자. 그렇게 명령을 했을 때, 나는 그가 내 머리 위에 포도주를 쏟아 버리고 싶은 마음을 가질 수 있다는 것을 염두에 두어야 할 것이다.

물론 명령을 내릴 때에는 '따라야 한다'는 냉정하고도 강력한 의지를 나타내는 것도 필요하다. 그러나 그것을 부드러움으로 감싸서 불필요한 열등감을 갖지 않도록, 가능한 한 기분 좋게 명령하는 배려도 필요하다.

그것은 네가 윗사람에게 무엇인가 부탁할 때나 당연한 권리를 요구할 때도 마찬가지다. 공손한 태도로 하지 않으면, 본래 네 부탁을 거절하고 싶어하는 사람에게 적당한 구실을 만들어 주는 빌미를 제공하는 격이 된다.

그렇다고 해서 너무 유연한 언행으로 상대방에게 너를 낮출 필요는 없다. 결코 뒤로 물러서지 않겠다는 강한 의지와 품위를 손상시키지 않는 자세로 네 의지가 얼마나 강한가를 상대방에게 보여주는 일이 중요하다.

언행을 부드럽게 해서 그들의 마음을 사로잡은 뒤 강한 의지로 그 일을 밀어붙여야 한다. 그럼으로써 적어도 네 스스로 그들에게 거절할 구실을 주는 상황을 당하지 않게 되는 것이다.

그리고 신분이 높은 사람은 사람들의 다양한 청탁이나 자기주장에 익숙해져 있다. 하루 종일 똑같은 하소연을 듣고 있어서 어떤 것이 진짜이고 어떤 것이 가짜인가의 구별도 할 수 없을 정도로 불감증에 고조되어 있다. 그러니까 보통으로 공평한 입장에서, 그리고 인도적인 입장에서 호소를 해서는 좀처럼 들어 주지 않는다. 그러므로 다른 감정에 호소할 수밖에 없는 것이다. 따라서 부드러운 태도로 호의를 얻어낸다든가 끈질기게 호소해서 굴복시키든지 해야 한다. 혹은, 들어 주지 않으면 평생을 두고 원망하겠다는 듯이 쌀쌀한 태도로 위장하여 두려움을 갖게 하는 방법도 있다.

진정한 의지의 굳건함이란 이런 것이다. 결코 무턱대고 밀고 나가는 것이 아니다. 부드러운 언행과 강인한 의지를 겸비하는 것이야말로, 경멸 당하지 않고 사랑 받으며, 미움 받지 않고 존경받으며, 이 세상의 지혜있는 자들이 한결같이 몸에 익히고자 하는 위엄을 몸에 익히는 유일한 방법이기도 하다.

강인한 의지의 힘

다음은 실천으로 이루어질 수 있는 이야기를 진행하여 보자. 감정이 흥분되어 사리 분별이 흐려진다거나 무의식중에 무례한 말이 입 밖으로 튀어나오려고 하면 자기 자신을 억제하고 언행을 부드럽게 해야 한다. 이것은 상대방이 윗사람인 경우나 자기와 대등한 사람인 경우, 또는 신분이 낮은 사람인 경우에도 마찬가지이다.

감정이 폭발하려고 할 것 같으면, 마음이 가라앉을 때까지 침묵을 지키고 표정의 변화를 간파당하지 않도록 신경을 집중시켜야 한다표정을 상대방에게 읽히는 것은 비즈니스에서는 치명적인 약점이다.

하지만 한 발자국도 양보할 수 없는 상황이라면, 상냥하게 하거나 부드럽게 하거나 비위를 맞추는 등의 나약한 자세로 상대방에게 아첨하는 듯한 행동을 해서는 안 된다. 그럴 경우에는 집요하게 공격 일변도로 나가는 것이 좋다. 그렇게 하면 목표로 한 것이 어김없이 손에 들어오게 마련이다.

온유하고 내성적이며 항상 길을 양보하는 그러한 사람은 사악한 인간이나 남의 고통을 이해하지 못하는 인간에게 짓밟히고 바보 취급을 받을 뿐이다. 거기에 하나의 강력한 뼈대가 들어가면 존경을 받게 되고 대개는 마음먹은 대로 된다.

친구나 주위 사람에 대해서도 마찬가지다. 요지부동한 의지의 힘은 그들의 마음을 사로잡을 것이다. 그리고 부드러운 언행은 그들의 적을 너의 적으로 만드는 것을 미연에 방지해 줄 것이다.

동시에 상대에게 이쪽 의지의 강인함을 보여 주어, 자기에게는 분개할 만한 정당한 이유가 있음을 보여 주는 것도 중요하다. 나는 당신과 달라서 악의를 품는 것과 같은 소견 좁은 짓은 하지 않는다. 내가 하고 있는 일은 사리 분별이 있는 정당방위라는 것을 분명히 인식할 수 있도록 해 두어야 한다.

뜻하는 바를 달성하는 방법

일에 대한 교섭을 할 때도 상대방에게 의지의 굳건함을 느끼게 하는 것을 잊어서는 안 된다. 부득이 타협하지 않으면 안 될 때가 올 때까지 한 발자국도 물러서서는 안 되며, 절충안도 받아들여서는 안 된다. 부득이 타협하지 않으면 안 될 경우에도 완강하게 저항하면서 한 발자국 한 발자국씩 물러서야 한다.

그렇게 하면서도 온건한 태도로 상대방의 마음을 붙잡는 것을 잊어서는 안 된다. 상대의 마음을 붙잡게 되면 이해를 얻을 수 있어 마음을 움직이게 할 수 있을지도 모르기 때문이다.

그리고 떳떳하고 솔직하게 이렇게 말해 보는 것도 좋다.

"여러 가지 문제는 있습니다만, 그렇다고 해서 귀하에 대한 저의 존경심에 변함은 없습니다. 오히려 그 반대로, 이번 일에 대해서 귀하의 노력을 보고 그 비범한 능력과 열의에 감복하고 있습니다. 이렇게 훌륭하게 일을 하시는 분과 개인적으로 가까워질 수 있다면 얼마나 좋을까 하고 생각하고 있습니다……."

이처럼 '언행은 부드럽게, 의지는 굳건하게'를 관철하면, 대개의 협상은 무난히 해결된다. 최소한 상대방의 의지대로 끌려가지는 않게 된다.

상대방을 사로잡는 말투

내가 '언행은 부드럽게'를 강조했지만, 그것이 단순히 온순하기만 한 부드러움이 아니라는 것은 이제 너도 이해하고 있을 것이다.

자신의 의견은 분명히 말해야 하며, 다른 사람의 의견이 틀렸다고 생각될 때에는 분명히 틀렸다고 말할 줄 알아야 한다.

내가 문제로 삼고 있는 것은 태도와 말의 표현 방법이다. 그것을 말할 때의 태도, 분위기, 용어의 선택, 목소리의 강약 등을 모두 부드럽고 상냥하게 하라는 것이다. 거기에는 작위적이거나 무리가 있어서는 안 된다. 자연스럽지 않으면 안 되는 것이다.

"저의 생각을 물으신다면, 저는 이렇게 대답하겠습니다. 하기야 그렇게 확신을 가지고 있는 것은 아닙니다만……."이라든가, "확실히는 모릅니다만, 아마 이런 뜻이 아닐까요?"라는 등의 말투이다.

온순한 말투라고 해서 설득력이 없는 것은 아니다. 오히려 '북풍과 태양'의 이야기처럼 상대의 마음을 틀림없이 사로잡을 것이다.

토론은 기분 좋게 끝내야 한다. 자기도 상처를 입지 않았고 상대의 인격을 손상시킬 생각도 없다는 것을 분명히 태도로 보여 줄 필요가 있다. 의견의 대립은 일시적이더라도 서로를 멀리하게 만들기 때문이다.

'그까짓 태도쯤이야'라고 말할지 모르지만, 이야기의 내용 못지않게 태도 또한 중요할 때가 있는 것이다. 호의로 행한 것이 적을 만들고, 심술궂은 마음으로 한 것이 친구를 만들기도 하는 등 태도 여하에 따라서 상대가 받아들이는 것이 달라진다.

얼굴 표정, 말하는 방법, 용어의 선택, 발성, 품격 등 그러한 것들이 부드러우면 언행은 자연히 부드럽게 되고, 거기에 '강인한 의지'가 더해지면 위엄이 우러나와 다른 사람들의 마음을 확실하게 사로잡게 될 것이다.

강하지 않으면 세상을
살아나갈 수 없다

세상을 살아가는 지혜

세상에는 다소 전략적일지도 모르지만, 순수하게 삶을 이끄는 '살아가는 지혜' 같은 것이 있으며, 그것을 알고 앞서 실천한 사람이 많은 사람들의 마음을 사로잡아 일찍 출세하는 경우가 있다. 아직 그 지혜를 잘 모르는 젊은이는 이것을 소홀히 여기면 훗날 '내가 좀 더 일찍 그 지혜를 알았더라면 좋았을 걸' 하고 후회하게 될 것들의 하나이다.

세상을 살아가는 지혜의 근본은 감정을 겉으로 나타내지 말 것, 말이나 동작이나 표정에서 마음이 동요하고 있다는 것을 상대가 알아차리지 못하게 하는 것이다. 일단 상대에게 들켜버리면, 자기 조절이 능숙하고 냉정한 상대방의 뜻대로 이끌려가게 된다. 이것은 사회생활에만 국한된 일이 아니다. 일상생활에서도 자기 자신도 모르는 사이 상대방에게 조종 당할 가능성은 얼마든지 있는 것이다.

남에게 싫은 이야기를 들으면 노골적으로 적의를 들어 내거나 화를 내는 사람, 좋은 말을 들으면 저절로 입이 벌어지는 사람, 이런 사람들은 교활한 인간이나 능청맞은 사람의 희생물이 되기 십상이다. 교활한 사람은 고의적으로 이쪽이 화를 낼 말을 하거나 기뻐할 말을 해서 반응을 살피고, 아직 입 밖에 내지 않은 비밀을 캐내려고 한다.

이성으로 나쁜 성격을 억제하라

냉정한가 아니한가는 하나의 성격이며, 의지의 힘으로는 어찌할 수 없는 것이 아니냐고 너는 의문을 가질지 모른다. 물론, 냉정한가 아니한가는 성격 탓일 수도 있다. 그렇지만 지금까지 우리들은 무슨 일이든지 모든 것을 성격 탓으로만 돌리지 않았을까? 하는 의문이 생긴다.

나는 누구든지 조금만 노력하면 그 어떤 성격이라도 고칠 수 있는 여지가 있다고 생각한다. 보통 사람은 이성보다 성격을 우선시하는 습관이 굳어져 있을 뿐으로, 노력하면 그 반대의 일, 곧 이

성으로 성격을 억제하는 습관도 몸에 익힐 수 있는 것이라고 나는 생각한다.

만일 갑자기 자신이 억제할 수 없을 정도로 감정이 폭발할 듯하면 우선 진정될 때까지 입을 다물고 있는 것이 좋다. 얼굴 표정도 될 수 있는 대로 바꾸지 말아야 한다. 이것은 평상시에 명심하고 있으면 틀림없이 가능하게 된다.

간혹 재치 있는 말이나 멋진 말, 재미있는 말 등을 하고 싶어하는 사람들이 있다. 하지만, 이런 말들은 순간적인 호감은 살 수 있겠지만 호의적으로 받아들여지지는 않는다. 오히려 돌아서서 비웃을 뿐이다.

반대로, 만일 누군가가 너를 비웃는 말을 하는 데 그것을 본의 아니게 네가 듣게 되는 경우에는 못 들은 척하고 자연스럽게 넘어가는 것이 상책이다. 네가 있는 자리에서 직접 들었기 때문에 그렇게 할 수 없을 때에는 부드럽게 웃어넘기면서 자연스럽게 그 자리를 모면하는 것이 좋다. 어떤 경우라도 상대방과 똑같은 식으로 행동을 해서는 안 된다. 그럴 경우 상대방의 말을 인정하는 꼴이 되어 그 동안의 수고가 물거품이 되고 만다.

자기의 속마음을 상대방에게 읽히면 안 된다

내가 어떤 문제로 협상을 할 때 다혈질인 인물과 협상을 할 때만큼 좋은 결과를 얻은 일은 없다. 만약 상대방이 흥분을 잘해 조그만 일에도 마음이 흐트러져서 터무니없는 말을 하거나 표정에 나타내거나 한다면, 그런 사람에게는 이것저것 넘겨짚으며 표정을 관찰하는 것이 좋다.

그러면 분명 진의를 알아낼 수 있을 것이다. 비즈니스에서는 상대방의 속마음을 읽느냐 못 읽느냐가 성공의 열쇠다. 자기의 감정이나 표정을 숨길 수 없는 사람은 그렇게 할 수 있는 사람에게 항상 당하게 마련이다. 다른 모든 조건이 대등할 때도 그럴진대 하물며 상대방이 수완가인 경우에는 더더욱 승산이 없다.

내가 이렇게 말하면 너는, "그럼, 시치미를 뚝 떼라는 말인가요?"라고 말할 것이다. 그러나 그렇게 하는 것은 잘못이 아니다.

격언 중에 '마음속을 상대한테 읽히면 상대를 제압할 수 없다'는 말이 있다. 나는 좀더 극단적으로 이렇게 말하고 싶다. 속마음을 간파당하해서는 아무 일도 성취할 수 없다고.

똑같이 시치미를 떼더라도 수를 읽히지 않으려고 하는 것과 상대방을 속이기 위해서 하는 것과는 크게 다르다. 그리고 나쁜 것은 후자의 경우다. 남을 속이기 위해 감정을 숨기는 것은 도덕에 어긋날 뿐만 아니라 비열한 행위라고 하지 않을 수 없다.

철학자이자 정치가인 베이컨 경도 다음과 같이 말하고 있다.

"상대방을 속이는 것은 진정한 지적 인간이 할 일이 아니다. 속마음을 간파 당하지 않기 위하여 감정을 감추는 것은 트럼프의 카드를 보이지 않는 것과 같지만, 상대방을 속이기 위해서 그렇게 하는 것은 상대방의 카드를 훔쳐보는 것과 다름없다."

정치가인 볼링브로크 경도 그의 저서에서 다음과 같이 피력했다.

"남을 기만하기 위해서 자신의 감정을 감추는 행위는 단검을 휘두르는 것과 같아 바람직하지 않은 행위일 뿐만 아니라 불법 행위이기도 하다. 단검을 사용하면, 그것에는 어떠한 정당한 이유도 변명도 통용되지 않는다."

한편 속마음을 간파 당하지 않도록 감정을 감추는 것은 전쟁에서 방패를 드는 것과 마찬가지이며, 비밀을 지키는 것은 갑옷을 입는 것과 같은 것이다. 일을 추진함에 있어서 어느 정도 감정을 감추지 않으면 기밀을 보전할 수 없고, 기밀을 보전할 수 없으면 일이 제대로 이루어지지 않는다. 그런 뜻에서는 귀금속에 합금을 섞어 주화를 주조하는 기술과 흡사하다.

합금을 조금 섞는 것은 필요하지만 지나치게 많이 섞으면 주화는 통화로서의 가치를 잃고 주조자의 신용도 떨어져 버린다.

마음속에 감정의 폭풍이 아무리 거칠게 불어도 그것을 표정이나 말에 나타내지 않도록, 완전히 감정을 숨길 수 있도록 노력하기 바란다. 이것은 대단히 어려운 일이지만, 네가 할 수 없는 일은 아니다.

지성 있는 인간은 불가능에는 도전하지 않지만, 아무리 곤란한 일이라도 추구할 가치가 있는 일이라면 몇 배의 노력을 기울여서라도 반드시 해내는 법이다. 너도 힘껏 노력해 주기를 바란다.

'선의의 거짓말'을
적절히 쓰도록 하여라

알고 있는 사실도 모르는 척해야 할 때가 있다

때로는 자기가 알고 있는 사실을 모르는 체하는 것도 크게 도움이 되는 경우가 있다. 가령 누군가가 무슨 얘기를 꺼내면서 이렇게 물었다고 하자. "이런 얘기를 알고 계십니까?"

그러면 너는 대답한다. "아니, 모르는데요."

설령 네가 알고 있는 얘기라 하더라도 모르는 체 답하고는 상대방의 다음얘기를 유도한다. 무엇인가를 이야기한다는 자체만으로도 기쁨을 느끼는 사람도 있을 것이다. 지적인 발견을 이야기하고, 그것에 의해서 자존심을 만족시키고 싶은 사람도 있을 것이다. 이런 중요한 얘기를 말해 줄 정도로 자기는 신뢰를 받고 있다는 것을 표시하고 싶어서 떠드는 사람도 있을 것이다.

"이런 이야기를 알고 계십니까?" 하는 질문을 받았을 때 "네" 하고 대답해 버린다면 그 사람은 실망할 것이며 결국은 너를 '눈치 없는 사람'으로 간주하고 상대하기를 꺼리게 된다

개인적인 중상이나 추문은 귀에 못이 박힐 정도로 들었더라도, 마음을 터놓을 수 있는 친구가 아니라면, 전혀 그런 말들을 들어 본 적이 없는 척하는 것이 좋다. 이런 경우, 대체로 듣는 쪽도 이야기하는 쪽과 똑같이 나쁘다고 여겨지기 십상이다. 그러므로 대화 중에 그런 화제가 오르면, 실은 다 알고 있는 이야기라 할지라도 모르는 척 가장하고, 정상 참작의 의견 쪽에 붙는 편이 좋다.

이처럼 때로 네가 이미 알고 있는 것도 모르는 척하다 보면 우연한 기회에, 정말로 몰랐던 정보를 완벽하게 듣게 되는 행운도 따를 것이다. 그리고 실은 이것이 정보를 수집하는 최고의 방법이기도 하다.

과시는 해악이다

누구에게든 아무리 사소한 일일지라도 어느 한 순간 다른 사람보다 좀더 나은 위치에 서서 허영심을 만족시키고자 하는 마음이 있다. 그래서 말을 해서는 안 되는 경우인데도, 상대편이 모르는 사실을 자기 혼자만은 알고 있다는 것을 과시하고 싶은 욕심에 그

만 자신도 모르게 발설하게 된다.

그럴 때, 모르는 척 가장하고 시치미를 떼고 있으면 정보를 얻을 수 있는 일 이외에도 생각지도 않은 이득을 보는 경우도 있다. 네가 모르는 척 했기 때문에 상대방은 네가 정보를 입수하는 일에 무관심한 사람이라고 간주되고, 결과적으로 그 어떤 음모나 흉계와는 아무 관련이 없는 인물이라고 상대는 너를 믿게 된다.

그렇지만 정보 수집을 소홀히 해서는 안 된다. 또 입수한 정보에 대해서는 자세한 검증을 거쳐야 한다. 또한 정보를 수집할 때는 현명하게 처신해야 하며 이야기가 진행되는 동안 너무 귀를 곤두세우거나 직접적인 질문을 던지는 것은 금물이다. 그런 태도를 보이게 되면 상대방은 너에 대해 경계심을 품게 되어 같은 이야기만

반복할 뿐 핵심적인 정보는 알려주지 않는다.

이와는 반대로 모르는 척 시치미를 떼기보다는 어느 정도 모든 사실을 알고 있는 척하는 것도 때로는 효과가 있다. "그래, 그 말대로야!" 하고 상세하게 모든 것을 얘기해 주는 사람이 있는가 하면, "이런 이야기 들었는지 모르지만 사실은……" 하고 얘기해 주는 사람도 있다.

이처럼 지혜를 능숙하게 활용하기 위해서는 늘 자기 자신과 자신의 주변에 주의를 기울이면서 동시에 냉정해야 된다.

사회는 너에게 있어서는 전쟁터나 마찬가지이다. 그러니 항상 '완전 무장'을 하고, 약점이 있을 때는 갑옷을 한 벌 더 겹쳐 입을 정도의 마음 자세가 되어 있어야 한다. 조그마한 부주의, 사소한 방심이 너에게 치명상이 될 수 있다는 점을 명심하기 바란다.

세상을 여는 지혜의 말 20

승리보다는, 승리를 위해 노력하는 것이 더 큰 의미가 있다.

현명한
대인 관계

'연줄'을 현명하게 이용하여라

우리 사회에서는 친분 관계가 중요하다. 신중하게 관계를 구축하고 그것을 잘 유지해 나가는 사람은 사회생활에 틀림없이 성공한다.

대인관계에는 두 가지 유형이 있는데 그 차이를 늘 염두에 두고 행동하기를 바란다.

첫째는 서로가 대등한 관계이다. 이 관계는 소질과 능력이 거의 비슷한 두 사람이 구축하는 호혜적인 관계로서, 비교적 자유로운 교류와 정보 교환이 이루어진다. 이것은 서로의 능력을 인정하고 상대방이 자기를 위해 자진해서 협력해 준다는 확신이 없으면 성립되지 않는다. 그 저변에는 상대방에 대한 존경심이 깔려 있어야 한다.

거기에는 때때로 상호간의 이해가 대립되는 경우가 있더라도 결코 무너지지 않는 상호의존 관계가 있어서, 이해가 대립되어도 서로 조금씩 양보해서 최종적인 합의를 이끌어내게 되고 결국엔 통일된 행동을 취하게 된다. 내가 너 다음으로 애정을 쏟고 있는 헌팅던 백작과 너에게 바라는 것은 이와 같은 관계이다. 두 사람 모두 거의 같은 시기에 사회에 진출한다.

그 때 너에게 백작과 거의 대등한 능력과 집중력이 있으면, 너희는 다른 젊은이들과도 손을 잡고, 모든 행정기관이 무시할 수 없는 집단을 결성할 수 있을 것이며, 또 그렇게 함으로써 함께 위로 뻗어 올라갈 수 있게 될 것이다.

다른 하나는 서로 대등하지 않은 관계이다. 한쪽에는 지위나 재산이 있고, 다른 한쪽은 개인의 소질과 능력만이 있는 경우이다.

이 관계에서는 도움을 받을 수 있는 경우는 한쪽뿐이고, 그 도움이라는 것도 표면에 나타나지 않도록 교묘하게 덮여져 있는 경우가 많다.

도움을 받는 쪽은 상대편의 비위를 맞추고 그의 마음에 들기 위해 상대방의 우월감을 암암리에 묵인하고 있다. 도움을 베푸는 쪽은 핵심을 조종당하여 머리가 말을 듣지 않는 상태로, 자기로서는 상대편을 잘 조정하고 있는 줄 알고 있지만, 사실은 자기 혼자만 그렇게 생각하고 있을 뿐, 상대편이 마음먹은 대로 춤추고 있다. 이런 사람은 교묘하게 조종만 잘하면 뜻밖의 큰 이익을 챙길 수도 있다.

이러한 예에 대해서는 전에 한번 너에게 편지에 쓴 일이 있다고 생각되는데, 그 밖에도 수십 가지나 비슷한 예가 있다. 그 정도로 한쪽에만 이익을 가져다 주는 이 관계는 우리 사회에 일반화되어 있다고 할 수 있을 것이다.

어떻게 하면 경쟁자를
이길 수 있는가?

선의의 경쟁은 성공이 앞당겨진다

세상을 살아가면서 자신이 싫어하는 사람을 아무런 내색 없이 사려깊은 태도로 대하는 방법을 알아두는 것이야말로 무엇보다도 중요한 일이다.

그런데 그것을 알면서도 막상 실천에 옮기려고 하면 여간해서는 되지 않는 것이 너와 같은 젊은이들의 마음이다. 젊었을 때는 사소한 일에도 흥분하여 두서없이 행동한다. 사회생활이나 이성과의 교제에 있어서도 마찬가지지만 특히 자기 생각을 비판하는 말을 듣게 되면 그 즉시 상대방을 싫어하는 경우가 많다.

젊은이들에게 있어서는 경쟁자도 적과 마찬가지이다. 경쟁자가 눈앞에 나타나면 조심해서 행동하지 못하고 대개는 냉담한 태도나 무례한 태도를 취하며, 어떻게든 상대방을 때려눕힐 방법이 없을까를 궁리한다.

이것은 어리석은 생각이다. 상대방에게도 좋아하는 일이나 이성을 선택할 권리가 있다. 게다가 경쟁자 앞에서 그런 행동을 내보이는 것은 통찰력이 부족하다는 증거이다. 그런다고 해서 자신의 뜻이 성취되는 것은 아니기 때문이다. 오히려 경쟁자끼리 서로 다투는 사이에 또다른 제 3자가 끼어들어 실속을 챙기는 일이 발생할 수 있다.

물론 사태가 그렇게 단순한 것만은 아니라는 사실은 인정한다. 어느 쪽도 그렇게 쉽사리 물러설 수 있는 입장도 아닐뿐더러, 사업이든 이성간의 교제든 간에 제3자의 개입 또한 쉽지 않은 문제임에는 틀림없다.

그러나 원인은 제거할 수 없을지라도 그것이 어떠한 결과를 초래할 것이라는 추측은 가능하다는 것이다.

가령, 두 사람의 연적이 서로 노려보고 있다고 치자. 두 사람이 서로 불쾌한 얼굴을 하고 외면하거나 욕지거리를 하고 있으면, 그 자리에 있던 사람들은 틀림없이 불쾌한 마음이 들 것이다. 그리고 그 싸움의 원인이 된 여성도 불쾌하게 여길 것이다.

그렇지만 어느 쪽이든 한쪽이, 마음속으로는 어떻게 생각했든 간에 표면적으로는 연적에게 친절하고 신사답게 대한다면 어떻게 될까? 다른 한쪽의 인물이 초라하게 보여, 사랑하는 여성은 상냥하게 응대하는 쪽에 호의를 갖게 될 것임은 불을 보듯 뻔한 일이다.

좋은 경쟁 관계가 일을 성공시키는 열쇠가 된다

비지니스의 경쟁자 또한 마찬가지다. 자기의 감정을 억누르고 이성적일 수 있는 사람이 경쟁에서 이길 수 있다.

프랑스인들은 '은근한 태도'라는 말을 즐겨 쓰는데, 이것은 연적에게 노골적으로 혐오감을 나타내는 속 좁은 사람을 대할 때에는 각별히 신경써서 친절한 태도로 대하라는 뜻이다. 알기 쉽게 설명하기 위해 내 경험담을 한번 얘기해 보겠다. 꼭 기억했다가 네가 같은 상황에 처했을 때 응용해 보기 바란다.

내가 네덜란드의 헤이그에 가서, 오스트리아 계승 전쟁에 대한 전면 참전을 요청하고, 구체적으로 군대의 수를 결정하는 등의 교섭을 성사시키고 돌아왔을 때의 이야기다.

그 당시 헤이그에는 유명한 대수도원장이 왔었는데, 그는 프랑스편에 서서 어떻게든 네덜란드의 참전을 저지시키려 하고 있었다. 나는 이 수도원장이 두뇌가 명석하고 마음씨도 따뜻하며 근면한 인물이라는 얘기를 듣고, 서로 숙적 관계에 있어서 친교를 맺을 수 없는 처지를 몹시 안타깝게 생각했었다.

그러나 제 3자가 마련한 어떤 좌석에서 처음으로 그 수도원장을 만났을 때, 나는 진심으로 그에게 말했다.

"비록 나라끼리는 서로 적대 관계에 있지만 우리는 그것을 초월해서 친해질 수 있으리라고 믿습니다."

그러자 대수도원장도, "저도 그렇게 생각하고 있습니다."라고 정중하게 대답해 주었다. 그로부터 이틀 후에 아침 일찍 암스테르담 의회에 참석했을 때, 그곳에는 이미 대수도원장이 와 있었다. 나는 대수도원장과 면식이 있다는 것을 의원들에게 이야기하고 부드럽게 웃는 얼굴로 말했다.

"저는 저의 오랜 숙적이 이곳에 있는 것을 대단히 유감스럽게 생각하고 있습니다. 먼저 이런 말씀을 드리는 이유는 이 분의 능력은 이미 나에게 공포심을 품게 하고 있기 때문입니다. 이래서는 공평한 싸움이 될 수가 없습니다. 부디 이 분의 힘에 굴하지 말고 이 나라의 이익만을 생각하시도록 부탁드립니다."

나의 이 말을 듣고 그 자리에 있던 사람들 모두 미소를 지었던 것은 확실하다. 수도원장도 나로부터 정중한 찬사를 받은 것이 그리 싫지 않은 모양이었고, 15분쯤 지나자 그 자리를 떠났다.

나는 전보다는 더 진지하게 설득을 계속하였다.

"제가 여기에 온 이유는 네덜란드의 국익을 위해서입니다. 나의 친구는 여러분을 현혹시키기 위해서 허식이 필요했는지 모르지만

저는 일체 그런 가면을 벗어 던지고 말씀드리고자 합니다."

마침내 나는 목적을 달성하였다. 그리고 그 후, 대수도원장과 동등한 입장에서 친분을 쌓고 있다. 제 3자가 마련한 장소에서 만났을 때도 물론이지만, 지금도 변함 없이 뽐내지 않는 정중한 태도로 대하면서 그의 근황 등을 스스럼없이 묻고 있다.

교활한 사람을 대하는 처신법

경쟁자를 대하는 방법에는 두 가지가 있다. 아주 친절하게 대하든가, 아니면 상대를 침몰시키는 것이다.

만일 상대가 온갖 술수를 써 대며 고의적으로 너를 모욕하거나 경멸한다면 주저할 것 없다. 때려 눕혀라. 그렇지만 마음의 상처를 입은 정도라면 표면상으로는 예의 바르게 행동하는것이 좋다. 그렇게 하는 것이 상대에 대한 보복도 되고 네 자신을 위한 현명한 처신도 될 것이다.

이러한 행동은 상대방을 속이는 일이 아니다. 만약 네가 그 사람의 가치를 인정하고 친구가 되고 싶다면, 나는 단연코 그런 사람과 친구가 되지 말것을 권하고 싶다.

여럿이 함께 모인 자리에서 스스럼 없이 실례되는 태도를 취하는 사람에게 정중하게 이야기 한다 해서 비난을 받을 리는 없다. 보통은 그 자리를 원만하게 수습하고, 주위에 있는 사람들에게 불쾌한 생각을 갖지 않도록 노력하고 있을 뿐이라고 보아줄 것이다. 세상에는 개인적인 취향이나 질투 때문에 시민 생활을 방해해서는 안 된다는 약속과 같은 것이 존재하기 때문이다. 그것을 태연하게 깨뜨리는 사람은 세상 사람들의 웃음거리가 되어 동정을 받지 못한다.

우리가 살고 있는 이 사회는 심술, 증오, 원한, 질투 등이 소용돌이치는 곳이다. 열심히 노력하는 사람들이 많지만, 그들이 땀흘려 이룬 결실을 빼앗아 가는 교활한 사람들도 있다. 흥망성쇠 또한 부침이 심해서 오늘 흥했다가도 내일 망하는 경우도 수없이 많다.

이런 속에서는 예의 바름이나 부드러운 언행이라든가 하는 등의 실질과는 별로 관계 없는 장비를 몸에 지니지 않으면 살아 남기가 어렵다. 자기 편이라도 언제 적으로 변할지 모르며, 적도 언제 자기 편이 될지 모르기 때문이다.

바로 그런 이유로 속으로 미워하면서도 겉으로는 친절하고 신중하게 대할 필요가 있다는 것이다.

세상을 여는 지혜의 말 21

하루하루를 어떻게 보내는가에 따라 우리의 인생이 결정된다.

내 아들을 위한
또 하나의 충고

이 세상에서 가장 훌륭한 공부는 '실천'이다

이제 너는 한 사람의 사회인으로서 첫 발을 내디뎠다. 언젠가는 네가 대성하기를 나는 간절히 바라고 있다. 이 세상에서 무엇보다 훌륭한 공부는 실천이다. 그러나 동시에 모든 것에 대한 배려와 집중력이 필요하다.

끝으로 나는, 편지 쓰는 법을 예로 들어, 너에 대한 조언을 총정리 하려 한다. 편지를 쓰는 법에는 사회인으로서 갖추어야 할 상식이 모두 집약되어 있다고 생각하기 때문이다.

첫째 비즈니스상의 편지를 쓸 때는 명석해야 하고 뜻도 명확해야 한다. 세상에서 가장 머리가 우둔한 사람이 읽어도 뜻을 잘못 이해하거나, 몰라서 처음부터 다시 읽는 일이 없을 정도로 명확하게 쓰지 않으면 안 된다. 그렇게 쓰기 위해서는 문장의 정확성이 필요하다. 거기에다 품위까지 갖추었다면 더할 나위 없을 것이다.

비즈니스상의 편지를 쓸 때 정중함이나 예의를 무시해서도 안 된다. 아니, 오히려 '이렇게 알게 된 영광을 갖게 되어……', '의견을 말해도 괜찮으시다면……'처럼 경의를 표하는 것이 중요하다.

편지지를 접는 법에서부터 봉함을 하는 법, 수신인의 주소와 성명 쓰는 법, 그런 것에도 그 사람의 인격이 나타나는 법이다. 그에 따라 좋은 인상을 주기도 하고 나쁜 인상을 주기도 한다. 너는 그렇게까지 생각하고 있지 않은 것 같던데, 그런 것 하나하나에도 신경을 쓰지 않으면 안 된다.

비즈니스 편지에 반드시 필요한 것은 아니지만, 글씨체가 좋은 것이 품격이다. 화려하지 않고 글씨를 잘 써야 한다는 것은 그런 뜻에서 중요한 요소이다.

그러나 이것은 사업 편지로서는 최종 마무리라고 말할 수 있는 것이므로, 아직 토대가 완성되어 있지 않은 너에게 이런 장식 부분까지 신경을 쓰라는 것은 무리일 것이다. 문자나 문체를 지나치게 장식하면 역효과가 난다. 간소하면서도 고상하며, 또한 위엄을 느끼게 쓰는 것이 가장 좋다. 문장의 길이는 너무 길어도 안 되고 너무 짧아도 안 된다. 뜻이 불명료하게 되지 않을 정도의 길이가 바람직하다. 너는 가끔 철자법이 틀리는데, 그것도 비웃음을 사는 원인이 된다. 아무쪼록 조심해라.

그리고 네 글씨가 왜 그렇게 졸필인지 나는 도저히 이해할 수가 없다. 일반적으로 눈과 손을 사용할 수 있는 사람은 아름다운 글씨를 쓸 수 있다고 생각하는데 말이다. 나로서는 네가 글씨를 좀더 잘 쓰게 되기를 기도드릴 수밖에 없다.

'작은 일에 있어서는 대범한 자', 큰 일에 있어서는 '소심한 자'가 되지 말라

나는 네가 교본처럼 한 자 한 자 신중하게, 긴장해서 쓰라고 하는 것은 아니다. 사회인은 빨리 아름답게 글을 쓸 수 있어야 한다. 그러기 위해서는 부단한 노력 필요하다.

아름다운 글씨를 쓰는 습관을 지금부터라도 몸에 익혀 두는 것이 좋다. 그렇게 하면 신분이 높은 사람에게 편지를 쓸 필요가 생겼을 때에도 글씨와 같은 사소한 것에 걱정하지 않고 내용에만 정신을 집중시킬 수 있기 때문이다.

젊었을 때의 공부가 부족했던 탓에 큰 일을 다룰 능력이 없어서 사람들의 비웃음을 산 사람이 있다. 이 인물은 '작은 일에 있어서는 대인, 큰 일에 있어서는 소인'이라고 불렸다고 한다. 그는 젊었을 때 큰 일에 대처할 능력을 제대로 기르지 못했기 때문이다.

너는 지금 작은 일에만 대비하는 것에도 벅찰 시기에 있고 또 그런 지위에 있다. 그러므로지금은 작은 일만이라도 제대로 마무리 짓는 습관을 몸에 익혀 두는 것이 좋다. 머지않아 너에게도 큰 일이 맡겨질 때가 올지 모른다. 그때 작은 일에 걱정을 하지 않아도 될 수 있도록 지금부터 철저하게 준비를 해 두도록 하거라.

세상을 여는 지혜의 말 22

 쉽게 되는 것이 많으면 반드시 어려움도 많아진다.

부록

고전에서 배우는 세상의 지혜

진실로 날마다 새로워지면
나날이 새로워지고 또 날로 새로워진다
苟日新, 日日新, 又日新 구일신, 일일신, 우일신 _대학

자기계발自己啓發을 권유한 말이다.

『대학大學』이란 책은 전문全文이 불과 1천7백53자로 된 소책자인데, 그 내용은 '수신修身, 제가齊家, 치국治國, 평천하平天下'의 핵심을 설명한 것으로서 의외로 어렵다. 표제의 구절은 그 안에 있는 말이다.

수신이니 수양이니 하면 머리를 절레절레 흔드는 사람이 적지 않다. 그러나 이것은 원래 남의 강요에 의해서 되는 것이 아니라, 자신을 단련코자 하는 자각적 노력이 있을 때 이루어지는 것이다. 그것을 설명한 말이 위의 구절이다.

옛날 은殷나라의 명군名君 탕왕湯王은 이 말을 세숫대야에 새겨놓고 '수신'의 결의를 새로이 했었다고 한다. 그 세숫대야는 일상생활에서 쓰는 것이 아니라 제사 때 손을 씻기 위한 대야였다는 설도 있다.

그야 어쨌든 이러한 결의가 없으면, 인간은 제아무리 나이가 들어도 진보를 바랄 수 없는 법이다.

가담항어(街談巷語)
세상의 풍설, 즉 세상에 떠도는 뜬소문을 말한다 _ 漢書·藝文誌.

지난 것을 익히어 새 것을 알게 된다

溫故知新 온고지신 _논어

하루하루의 자기계발은 그 누구에게도 바람직스런 일이다.

왜냐하면 이 자기계발에 태만할 경우 자신의 인생을 충실하게 다져나갈 수가 없기 때문이다. 그러나 누구보다도 이것이 요구되는 사람은, 사람 위에 서서 일하는 사람, 즉 리더들이다. 리더가 자기계발을 게을리 한다면 리더로서의 설득력이 생겨날 수 없다.

그럼 자기계발을 하려면 어떻게 해야 할까?

그것을 설명한 것이 공자孔子의 표제어이다.

"지난 것을 충분히 익혀 새로운 것을 알면, 그로써 다른 사람의 스승이 될 수 있다[溫故知新, 可以爲師矣]."

의역을 하면 다음과 같다.

"역사를 깊이 탐구함으로써 현대에 대한 인식을 깊이 해나가는 태도, 이것이야말로 지도자의 자격을 얻는 길이다."

이 말을 줄여서 '온고지신'이라고 한다.

가여낙성(可與樂成)
일의 성공을 함께 즐길 수 있음 _ 史記·商君傳.

> # 기(驥)는 하루에 천릿길을 달리지만
> # 노마(駑馬)도 열흘이면 이를 따라잡는다
> 驥一日而千里, 駑馬十駕, 則亦及之矣 기일일이천리, 노마십가, 즉역급지의 _순자

'기驥'란 하루에 천리나 달리는 명마名馬이다. 인간으로 빗대자면 천재天才라고 해도 좋다.

이에 비하여 '노마駑馬'란 둔재鈍才이다. 천재에 비하면 1할 정도의 능력밖에 안 되지만, 그런 '노마'라 할지라도 10일간 계속 달리면 '기'가 하루에 가는 거리를 따라잡을 수 있다는 말이다. 두말할 것도 없이 이는 평소의 노력이 얼마나 중요한가를 새삼 강조한다.

아무리 훌륭한 목표를 세우더라도 실행에 옮기지 못하면, 그림 속의 떡과 같은 것. 또 실행에 옮긴다 하더라도 중도에서 집어치운다면, 역시 아무 효과도 없다. 무슨 일이든 꾸준히 밀고 나감으로써 풍성한 열매를 기대할 수 있는 법이다.

특히 그처럼 끊임없는 노력을 필요로 하는 것이 자기계발이다. 리더 된 사람은 모름지기 '노마'를 본받아서 배우고 자기 자신을 단련해 나감에 있어 단 하루라도 태만히 하는 일이 없어야겠다.

각주구검(刻舟求劍)
움직이는 배에 표시를 하여, 물속에 빠뜨린 칼을 찾으려 함 _ 呂氏春秋.

> # 배를 한입에 삼킬 만큼 큰 물고기는
> # 강(江)의 지류에서 헤엄치지 않는다
> ### 吞舟之魚 不游支流 탄주지어 불유지류 _열자

'탄주지어吞舟之魚'란 배를 한입에 삼킬 만큼 큰 물고기이다. 그처럼 큰 물고기는 강의 지류支流에서 노는 일이 없다는 뜻이다.

이 말에는 다음과 같은 뜻이 포함되어 있다.

1. 큰 목표를 갖는다.

2. 환경을 정리 정돈한다.

인생의 목표는 크고 높게 가질수록 좋다. 처음부터 작고 낮은 목표를 세웠다가는 고만고만한 수준에서 맴돌기 십상이기 때문이다. 그런 점으로 볼때 큰 목표를 세우고 일에 착수한다면, 설령 반밖에 실현하지 못했다 하더라도 어느 정도의 수준까지 도달할 수 있을 것이다.

목표를 세웠으면 그 다음에는 그것을 실현시키기 위한 환경을 갖출 일이다. '지류'와 같은 곁길에 한눈 팔지 않도록 하고, 항상 목표를 향해 전력 질주하여야 한다. 때에 따라 천천히 가도 상관없다. 그러나 큰 목표에서 눈을 떼는 일은 절대로 없어야겠다.

간담상조(肝膽相照)
서로가 마음을 숨김없이 터놓고 친하게 사귄다 _ 韓愈의 柳子厚墓誌銘.

이 세상에는 자기 뜻대로 되지 않는 것이 70~80%라는 의미이다. 진대晉
代의 양호羊祜란 장군이 한 말이다.

양호는 정남대장군征南大將軍이 되어, 남쪽 국경지대에 주둔하고 있으면
서 오吳나라에 대한 진공작전을 준비하였다. 그러나 몇 번이고 조정에 진언
을 했건만 공격명령이 내려오지 않았다. 승산은 충분히 있지만, 왕의 명령
없이는 군단을 움직일 수가 없다. 갖은 고생 끝에 작전계획을 수립했던 양
호로서는 분하기 짝이 없었으리라. 그때 한 말이 표제의 말이다.

오늘날에도 양호와 같이 안타까운 상황에 놓이는 경우가 어디 한둘이
랴. 특히 조직 속에서 살아가는 사람일수록 그런 탄식이 절로 나오게 마련
이다. 인생에는 아무리 애를 쓰고 아무리 고로苦勞를 겪어도 보답받지 못하
는 일이 많다. 그러나 그런 일을 핑계 삼아 노력을 게을리 해서는 안 될 것
이다.

간성난색(姦聲亂色)
간사한 소리는 귀를 어지럽게 하고, 좋지 못한 색깔은 눈을 어지럽게 한다 _ 禮記·樂
記篇.

백리 길을 가는 사람은 구십 리를 반으로 친다
行百里者半九十 행백리자반구십 _전국책

백리 길을 가는 사람은 구십 리를 갔을 때 비로소 반쯤 왔다고 생각하라는 말이다. 두말할 것도 없이 최종 단계의 중요성을 강조한 어구이다.

명군名君으로 일컬어지는 당唐나라 태종太宗은 정치하는 자의 마음가짐에 대해서 이런 말을 남겼다.

"나라를 다스리는 마음가짐은 병을 치료할 때의 마음가짐과 똑같다. 환자는 치유되어 갈 때일수록 더한층 간호에 유의하지 않으면 안 된다. 자칫 방심하여 의사의 지시에 따르지 아니하면 그야말로 생명을 잃는 수가 있다. 나라를 다스림에 있어서도 이와 똑같은 마음가짐이 필요하다. 천하가 안정되어 있을 때일수록 더더욱 신중을 기해야 하는 것이다."

질병 치료나 정치 분야뿐만이 아니다. 최종 단계에서 긴장을 풀었다가 일을 그르치는 예는 얼마든지 있다.

일을 마무리 짓는 때야말로 긴장의 끈을 더욱더 당겨야 할 때이다.

갈이천정(渴而穿井)
목이 말라야 비로소 샘을 판다. 준비 없이 있다가 일이 발생한 후에야 서두른다._說苑

'항산恒産'이란 생활을 충분히 꾸려나갈 만한 안정된 수입, 즉 자산(資産)이다. '항심恒心'이란 그 어떤 난관에 처해도 악(惡)으로 치닫지 않는 마음, 이를테면 부동심不動心이라고 해도 좋겠다.

『맹자孟子』의 이 대목을 소개하면 다음과 같다.

"항산이 없어도 항심이 있는 것은 '선비[士]'만이 할 수 있는 것이다. 일반 백성들은 항산이 없으면 그로 인하여 항심을 잃게 된다."

항산이 없이도 항심을 계속 유지하는 것이 이상理想이다. 그러나 그것은 지조가 굳센 인물이라야 가능한 일이다. 일반인들에게 그것을 기대한다는 것은 무리이다. 그러므로 일반인들에게는 무엇보다도 먼저 생활을 안정시켜 주어야 한다. 그것이 위정자가 할 일이라고 맹자는 주장했다.

항산이 없이 항심을 지속한다는 것은 분명 어려운 일이다. 항심을 계속 가지기 위해 확고한 생활 설계를 해야 한다.

개관사방정(蓋棺事方定)
관 뚜껑을 덮을 때에야 그 사람의 진가를 안다 _ 晉書.

> # 처음엔 누구나 잘하지만
> # 끝까지 잘하는 예는 드물다
> ### 靡不有初, 鮮克有終 미불유초, 선극유종 _시경

누구나 일을 시작할 때는 잘하지만, 그것을 끝까지 지속시켜 나가는 자는 얼마 안 된다는 의미이다.

무엇인가 새 일을 시작한다고 하자. 그런 때는 누구든 그 일을 성공시켜 보려고 긴장하여 일에 임한다. 그러므로 성공할 확률이 높다.

그러나 일이 궤도에 오름에 따라 서서히 자신감이 생기고 점차 긴장감이 풀어지게 된다. 그리고 이윽고는 마음이 해이해져서 본의 아닌 실수가 생기고, 끝내 실패로까지 연결되는 수가 있다.

세상에는 그런 사례가 적지 않은 것이다.

그렇게 되지 않기 위해서는,

1. 최초의 긴장감을 지속시켜 나가도록 마음 쓸 것

2. 일이 잘 풀려나갈 때일수록 마음을 다잡고 있을 것

이상 두 가지 점에 유의할 필요가 있다. '초심(初心)'을 잊지 말라'는 말이 있는데, 바로 이 경우의 충고인 것이다.

개문읍도(開門揖盜)
문을 열어놓고 도둑을 맞아들임. 즉 스스로 화를 불러들인다는 뜻. _三國志·吳志.

> # 앞에 있었던 일을 잊지 않으면
> # 뒷일의 스승으로 삼을 수 있다
> ### 前事之不忘, 後事之師 전사지불망, 후사지사 _전국책

'전사前事'란 정확하게 표현하자면 '옛날의 일'이겠지만 여기에는 ①자기 자신의 체험 ②역사상의 경험, 이 두 가지의 의미가 포함되어 있다.

그것은 현재는 물론 미래를 살아가는 데 참고가 된다.

특히 중요한 점은 실패의 경험에서 배우는 것이다. 그것을 간과하면 몇 번이고 같은 실패를 되풀이하는 우를 범할 수 있다. 이러한 사람은 결코 성공하지 못한다.

1973년, 당시 일본 수상이었던 다나카 가쿠에이田中角榮가 국교 회복 교섭을 위해 북경北京을 방문한 적이 있었다. 그때 중국 수상 주은래周恩來가 한 말이 바로 위에서 든 구절이었다고 한다.

"일본인들이여, 그 불행했던 과거의 사태를 기억하고 두 번 다시 실수를 저지르는 일이 없도록 하시오."

라는 의지의 표시였을 것임에 틀림없다.

기억하기조차 싫은 과거가 있으면 있을수록 명심하고 그것에서 배움으로써 진보를 기대할 수 있는 법이다..

귀인천기(貴人賤己)
군자는 어질고 용서하는 마음이 있어서 자신보다 남을 높인다 _ 禮記·坊記篇.

상대방의 장점은 높이 평가해 주고,
그 단점은 눈감아 주어라
貴其所長, 忘其所短 귀기소장, 망기소단 _삼국지

『삼국지』에 등장하는 영웅인 오(吳)나라의 손권(孫權)은, 라이벌이었던 위(魏)나라 조조(曹操)라든가 촉(蜀)나라 유비(劉備)에 비하면 권모술수와 적덕(積德)이란 점에서 훨씬 뒤지는 리더였다. 그러나 손권의 장점은 인재를 알아보는 눈이 밝다는 점이었다. 실로 그의 휘하에는 유능한 인재가 수없이 육성되었고, 손권은 그 인재들의 활약에 힘입어 난세(亂世)속에서 우뚝 서는 데 성공했던 것이다.

그 손권이 '나는 이런 태도로 부하들에게 임하고 있다'고 전제한 다음 한 말이 표제어이다. 바꿔 말하면, "부하의 단점에는 눈을 감고, 오로지 그 장점만을 보며 그 장점을 발휘할 수 있도록 기회를 만들어 준다."는 의미가 되리라.

인간이란 꾸중보다는 칭찬을 들을 때, 하고자 하는 의욕도 샘솟고 창의력도 발휘하게 마련이다. 구태여 단점을 들추기보다는 손권처럼 장점을 들어 칭찬해 주는 편이 부하를 부리는 첩경인지도 모른다.

격물치지(格物致知)
이치를 깊이 연구하여 지식을 확실히 하라 _ 大學.

호사스런 죽음보다 고생스런 삶이 낫다
好死不如惡活 호사불여악활 _격언

'호사好死'란 훌륭한 죽음, 멋들어진 죽음이란 뜻. '악활惡活'은 어려운 삶, 고생스러운 삶이란 의미이다. 고생스럽게 살더라도 어쨌든 사는 편이 멋지게 죽는 것보다 낫다는 말이다. '죽은 정승, 산 개만 못하다'는 속담이 생각난다.

요즈음 생활고를 비관하여 자살했다든가, 심지어는 일가족이 집단자살을 했다는 뉴스가 이따금 보도되는데, 그때마다 마음이 스산해지곤 한다.

일반적으로 우리나라 사람들은 강한 벽에 부딪히거나 하면 본능적으로 죽음을 선택하려고 한다. 위기관리危機管理에 약한 일면이 드러나는 듯하여 딱하다는 생각을 지울 길 없다.

그와 대조적으로 중국 사람들은 무척 강하다. 아무리 어려운 일이 도래하더라도 참아내며 열심히 살아가려고 한다. 한 번의 기회밖에 주어지지 않은 것이 인생이다. 무엇 때문에 죽음을 서두른단 말인가. '악활'이더라도 좋다. 어쨌든 살아 있기만 하면 언젠가는 꽃피는 계절이 찾아올 것이다.

견마지양(犬馬之養)
부모를 봉양만 하고 경의를 표하지 않음. 즉 봉양만 하는 것은 효도가 아니라는 뜻. _論語·爲政篇.

선행(善行)을 쌓는 집안에는 반드시 경사스런 일이 생긴다

積善之家 必有餘慶 적선지가 필유여경 _역경

『역경』에는 이 말 다음에 '적불선지가積不善之家 필유여앙必有餘殃'이란 구절이 이어진다. '선행善行'을 쌓는 집안에는 자자손손에 이르기까지 반드시 행복이 찾아온다. 그러나 '불선不善을 쌓는 집안에는 자자손손에 이르기까지 반드시 재앙이 몰려온다'는 의미이다.

착한 일을 하면 행복이라는 보상이 따른다. 악한 일을 하면 불행이라는 보응이 있다. 그러므로 행복이라는 보상을 기대하려면 평소의 행위를 조심하지 않으면 안 된다. 또 악행을 하고 있다는 것을 깨달았으면 얼른 궤도수정軌道修正을 해야 한다는 말이다.

전형적인 '인과응보因果應報'의 논리라고 해도 좋다. 모든 일을 합리적으로 생각하려는 사람은 어쩌면 이런 사고방식을 거부하는지도 모른다.

그러나 이 말을 자기 자신에게 들려줌으로써, 스스로의 행동에 늘 근신해 나갈 수 있다고 본다.

견토방구(見兎放狗)
토끼를 발견한 후에 사냥개를 풀어 놓아도 늦지 않다. 즉, 일이 일어난 후에 대처해도 늦지 않는다는 뜻. _新序.

덕 있는 사람은 말수가 적고
덕 없는 사람은 말수가 많다
吉人之辭寡, 躁人之辭多 길인지사과, 조인지사다 _역경

'길인吉人'이란 덕을 갖춘 훌륭한 인물이고, '조인躁人'이란 그 반대이다. 따라서 이 말의 의미는,

"덕이 있는 인물은 말수가 적다. 덕이 없는 사람일수록 말을 많이 하는 법이다."가 된다.

원래 말이란 그 사람의 마음을 정직하게 표출한다. 『역경易經』은 또 이렇게 말한다.

"남을 배신하는 사람은 그 말이 버젓하지 못하다. 마음에 의심을 가진 자는 그 말이 횡설수설이다. 선善을 악惡이라고 말하는 자는 논지論旨에 일관성이 없다. 신념을 가지지 못한 자는 사용하는 말이 비굴하다." 모두가 진리라고 해도 좋다.

그러므로 말을 할 때에는 깊이 음미한 다음에 하고, 발언은 신중히 생각한 다음에 해야 한다. 수다를 떠는 사람에게는 백 가지 해害는 있을지언정 한 가지 이利도 없으니 말이다..

굴화위지(橘化爲枳)
회남의 귤나무를 화북에 옮겨 심으면 탱자나무가 된다는 뜻으로, 사람도 경우에 따라 그 기질이 변함을 이름 _ 淮南子와 晏子春秋.

훌륭한 일을 이루려면
목표와 지속적인 노력이 필요하다
功崇惟志, 業廣惟勤 공숭유지, 업광유근 _서경

훌륭한 일, 큰 사업을 성공시키기 위해서는 '지志'와 '근勤', 이 두 가지 요건을 갖추어야 한다는 말이다.

'지'란 목표이다. 분명한 목표도 없이 행동하는 것을 망동妄動이라고 한다. 망동을 일삼아서는 사업이든 일이든 성공을 이룰 수 없다. 아니, 성공은 커녕 오히려 패망의 길로 간다고 보아야 옳을 것이다.

목표는 높고 클수록 좋다. 그러나 아무리 큰 목표를 세웠다 하더라도 그것을 실현시키기 위한 수단과 방법이 따르지 못한다면, 이 또한 아무 가치도 없다. 그래서 필요한 것이 '근', 즉 지속적인 노력이다.

'지'와 '근'은 수레의 두 바퀴와 같다고 해도 틀림이 없겠다. 인생을 설계하는 데 있어서도 이 말은 적용된다.

가능하다면 전 생애를 통한 큰 목표를 세우는 것이 좋다. 그것이 어렵다면 단기적인 목표라도 꼭 세워야겠다. 그리고 목표를 세웠으면 그 다음에는 오직 '근'이 있을 뿐이다.

경낙과신(輕諾寡信)
무슨 일에나 승낙을 잘하는 사람은 믿음성이 적어서 약속을 잘 어긴다_ 老子·제63장.

안일한 생활을 즐기다가는
이름을 드날릴 수 없다
懷與安實敗名 회여안실패명 _좌전

춘추시대春秋時代에 천하를 호령했던 패자覇 중 한 사람을 들자면 진 문공晉文公을 들 수 있다. 이 사람은 젊었을 때 후계자 책정의 내분內紛에 휘말려 들어 외국으로 도망쳤고, 무려 19년 동안이나 이나라 저나라를 떠돌다 귀국하여 왕위에 오른다. 보기 드물게 끈기가 강한 사람이다.

그 문공이 제齊나라에 머물고 있을 때의 일이다. 인내심이 강했던 그도 오랜 타향살이에 지쳤음인지 어느덧 안락한 생활에 젖어들고 말았다. 분연히 일어서서 대권을 잡아야겠다는 웅지雄志를 포기한 것만 같았던 것이다. 그러한 그의 나약한 모습을 지켜보며 안타까워하던 현지처現地妻가 '한을 벌써 잊었습니까……'라며 문공을 격려했던 말이 표제어이다.

'회懷'는 즐기겠다는 마음, '안安'이란 안일을 추구한다는 의미이다.

망연히 비디오나 인터넷 게임 같은 것에 젖어서 하루하루를 맥없이 보내는 사람은 훌륭한 일을 해낼 수 없는 법이다.

경원(敬遠)
공경하여 멀리한다. 변하여, 꺼리며 멀리한다는 뜻으로도 쓰임. _論語·雍也篇.

인생을 살아가는 데 최상의 방법은
물처럼 살아가는 것이다
上善若水 상선약수 _노자

'상선上善'이란 가장 이상적인 생활방법을 가리킨다. 이상적으로 살아가려면 물의 상태에서 배우라는 뜻의 말이다.

물에서는 배워야 할 만한 것이 세 가지나 있다.

우선 첫째로, 물은 지극히 유연하다는 점이다. 네모진 그릇에 담으면 네모진 모양이 되고, 둥근 그릇에 담으면 둥근 모양이 된다. 그릇에 따라 모양을 바꾸어 나가며, 조금도 거역하는 법이 없다.

둘째로, 물은 스스로를 높이려 하지 않고 낮은 곳으로, 낮은 곳으로 흘러간다. 그것은 곧 겸허謙虛이다. 결코 자기를 과시하려는 법이 없다.

셋째로, 무서운 에너지를 비장하고 있다는 점이다. 급류急流가 되면 아무리 크고 강한 바위라도 밀쳐내고 부수기까지 한다.

이와 같이 물은 유연과 겸허, 그리고 비장된 에너지 등 세 가지 특징을 가지고 있다. 어느 누구라도 그것을 몸에 익힌다면 대성할 수 있을 것이다.

경위지사(傾危之士)
궤변을 늘어놓아 국가를 위태롭게 만드는 인물 _ 史記·張儀列傳.

온종일 먹고 마시기만 하며 마음 쓰는 곳이 없다면 지극히 곤란한 일이다

飽食終日, 無所用心, 難矣 포식종일, 무소용심, 난의 _논어

"하루 종일 배불리 먹기만 하고 마음 쓰는 데가 없으면 참으로 딱한 일이다. 장기와 바둑이 있지 않으냐? 차라리 그런 것이라도 하는 편이 안하는 편보다 현명하다[飽食終日, 無所用心, 難矣. 不有博奕者乎, 爲之猶賢乎已]."

공자가 한 말이다.

'박혁博奕'이란 장기와 바둑 같은 오락을 가리킨다. 아무 일도 하지 않고 빈둥빈둥 노는 것보다는 차라리 오락에 몰두하는 편이 낫다는 것이다.

무슨 일이든 간에 열성을 쏟아 붓고 머리를 쓴다면, 거기에 인간으로서의 성장과 진보가 따르는 법이다. 그저 할 일 없이 빈둥거리며 어떤 일에도 의욕을 못 가지는 인간에게는 성장도 진보도 없다.

공자라고 하면 아주 딱딱하고 재미없는 노학자老學者가 연상되지만 '박혁' 등을 거론한 것을 보면 의외로 세상 물정에도 밝았던 것 같다.

경천동지(驚天動地)
하늘과 땅을 놀라게 할 만큼 큰 일 _ 朱子語錄.

대담하게 되기를 욕심내고
소심(小心)하게 되기도 욕심내라

膽欲大而心欲小 담욕대이심욕소 _근사록

담膽은 크게, 그러나 마음은 작게, 다시 말해 대담하되 세심細心하라는 뜻의 말이다.

이 두 가지 요소는 언뜻 보기에 모순되는 것처럼 여겨질는지 모른다. 그러나 그 양면兩面을 몸에 지니고 있지 않으면 큰일을 해낼 수 없으며, 사업을 성공시킬 수도 없다. 어떤 일이든 곤란한 경우는 생기게 마련이다. 가령 일이 순조롭게 풀려 나가더라도 언제 어떤 곤경이 닥쳐오는지 모른다. 그런 때에 필요한 것이, 어떤 역경에도 굴하지 않는 정신력과 왕성한 투쟁정신이다. 이것을 '대담'이라고 한다.

그러나 아무리 '대담'하더라도 무모하고 경솔하다면 곤란하다. 그것은 도리어 자멸을 재촉할 뿐이기 때문이다. 대담하면서도 그와 동시에 면밀한 조사나 신중한 배려가 따라야 하는 법이다. 이 두 가지 요건을 몸에 익힌다면, 무슨 일을 하더라도 성공의 확률이 높을 것이다.

경화수월(鏡花水月)
거울에 비친 꽃과 물속에 비친 달. 즉, 볼 수만 있고 가질 수는 없는 것. _ 李白의 詩.

군자의 교제는 물과 같이 담담하다
君子之交淡若水 군자지교담약수 _장자

'군자君子'는 훌륭한 인물이란 의미로서, 영국 사람들이 말하는 젠틀맨이 이에 가까운지도 모르겠다.

'군자'의 반대가 소인小人인데, 이는 보잘것없는 인간이란 의미이다.

『장자莊子』에 나오는 이 말에는 다음과 같은 대구對句가 있다.

"군자의 교제는 맑은 물과 같이 담담하고   [君子之交淡若水],

소인의 교제는 단 술과 같이 달콤하다   [小人之交甘若酒]."

단 술과 같이 달콤한 교제는 왜 나쁘다는 것일까? 금방 싫증이 나고 사이가 벌어져서 오래가지 못하기 때문이다. 사귀기도 쉽지만 헤어지기도 쉽다는 말이다.

그런 점에서 볼 때, 맑은 물과 같이 담담한 교제는 언제까지나 싫증이 나지 않아서 오래 지속된다는 말이다. 바람직한 인간관계를 맺으려면 군자의 교제를 언제나 마음바탕에 두어야 할 일이다.

계명구도(鷄鳴狗盜)
맹상군이 닭 우는 흉내를 내는 자의 힘으로 함곡관을 빠져 나오고, 개의 흉내를 내는 자로 하여금 도둑질하게 한 고사(故事). 변하여, 천한 재주도 쓰일 때가 있다는 뜻. _史記·孟嘗君列傳.

> # 지혜로운 자가 바르게 판단하는 것은
> # 이해(利害)를 동시에 생각하기 때문이다
> ### 智者之虛 必雜於利害 지자지허 필잡어리해 _손자

'지자智者'란 그릇된 판단을 하지 않는 사람이다. 그러면 왜 '지자'가 판단을 그르치지 않는 것일까? '반드시 이해利害를 섞어서 생각한다.' 즉 이익과 손실의 양면에서 사물을 생각하기 때문이라고 했다. 손자의 이 말은, 말하자면 양면사고兩面思考, 토털 사고Total 思考의 권유이다.

'그럴듯한 말에는 함정이 도사리고 있다'는 것은 누구나 다 아는 사실이다. 그러나 그것을 안다고 하여 자칫 외면하다가는 나중에 큰 낭패를 당하는 경우도 생긴다. 이런 부류의 사람들은 '지자智者'라 할 수 없다.

손자는 이런 말도 하고 있다.

"이익을 추구할 때는 반드시 손실의 면도 고려에 넣어야 한다. 그러면 모든 일은 순조롭게 진전된다. 이와 반대로 손실을 입었을 때는 그것에 의해 얻어진 이익의 면도 고려에 넣는다. 그렇게 하면 불안에 떨 걱정도 없을 것이다."

이런 생활태도를 몸에 익힌다면 실패도 적겠거니와, 손실을 본다 해도 큰 후회는 안 하게 될 것이다.

고복격양(鼓腹擊壤)
백성들이 천하의 태평을 즐긴다는 말 _ 莊子와 十八史略.

상대방을 치켜세우고 나를 낮추는 것이 덕(德)의 기본이다

卑讓 德之基也 비양 덕지기야 _좌전

'덕德'이란 무엇인가? 한마디로 설명하려면 의외로 어렵다. 국어사전을 찾아보면 '마음이 올바르고 인도人道에 합당한 일', 즉 '훌륭한 인격'이란 의미이다.

그럼 이 훌륭한 인격을 만들어 나가는 데 있어 기본이 되는 것은 무엇일까? 『좌전左傳』에 의하면 '비양卑讓'이라고 했다.

'비卑'는 낮다는 뜻이다. 자기 자신은 낮은 곳에 몸을 두고 상대방을 올려 세워 주는 것, 이것이 '비'이다. '양讓'은 사양한다는 뜻이다. 자기는 한 걸음 두 걸음 뒤로 물러서고 상대방에게 길을 터주는 것, 그것이 '양'이다.

알기 쉽게 말한다면 '비양'이란 곧 '겸허謙虛'이며, 이것이 덕의 기본이라고 했다.

우리나라에도 '곡식 이삭은 익을수록 고개를 숙인다'는 속담이 있다.

'비양'은 어떤 사람에게도 필요한 덕목이거니와, 특히 이것을 필요로 하는 사람이 리더인 것이다.

고성낙일(孤城落日)
아무 도움이 없이 고립된 상태의 처참함을 이름 _ 王維의 詩.

리더는 넓은 식견과 강한 의지력을 지녀야 한다
士不可以不弘毅 사불가이불홍의 _논어

'사士'란 '사농공상士農工商'의 서열만 보아도 알 수 있듯이 사람 위에 서는 사람, 즉 리더의 입장에 있는 사람을 가리킨다. 그런 입장에 있는 사람은 '홍의弘毅'여야 한다는 말이다. '홍弘'이란 넓은 식견, '의毅'란 강한 의지력이다. 넓은 식견을 갖추지 못하면 시야가 좁아져서 시야 협착증에 빠지게 되며, 마침내는 벽에 부딪치고 만다. 또 강한 의지력을 몸에 지니고 있지 못하면 곤란한 일을 당했을 경우 끈기 있게 타개해 나갈 수가 없다. 리더로서는 실격이 아닐 수 없다.

오늘날의 기업은 대기업이든 중소기업이든 우리나라의 경제, 혹은 세계 경제와 직접적인 관계를 맺고 있다. 따라서 넓은 식견을 갖추지 않고서는 기업 운영을 궤도 위에 올려놓을 수가 없다.

그리고 경영자 내지는 리더가 그 진가를 발휘하는 것은 기업과 조직체가 곤경에 빠져 있을 때이다. 온갖 난관을 극복해 나가는 원동력은 무엇인가? 그것이 곧 강한 의지력인 것이다. 그러기에 리더는 '홍의'해야 한다고 했지 않은가.

고침안면(高枕安眠)
베개를 높이 베고 편안히 잠잔다 _ 戰國策.

너그럽되 두려워하게 하고
엄하되 사랑하게 하라
寬而見畏, 嚴而見愛 관이견외, 엄이견애 _송명신언록

조직관리의 비결은 '엄嚴'과 '관寬'의 균형을 잡는 데 있다고 한다.

'엄'이란 엄격한 태도, 신상필벌信賞必罰의 방침이다. 그러나 '엄'으로만 임하면, 명령에 따르도록 할 수는 있어도 심복心服시킬 수는 없다. 그래서 필요한 것이 '관'이다.

'관'이란 관용, 다시 말해 온정주의溫情主義라고 해도 좋다. 그러나 '관'으로만 임하게 되면, 이번에는 조직 안에 긴장감이 없어지고 이른바 응석부리기 구조가 되어버린다.

'관'으로 임하면 사랑하고, '엄'으로 임하면 두려워하는 것이 일반적인 경향이다. 그러나 사랑의 대상이나 두려움의 대상이어서만은 안 된다는 것이다. 그럼 어떻게 해야 할까? 그 절묘한 조화를 표현한 것이 위에 나오는 구절이다.

"너그럽되 상대로 하여금 두려워하게 하고, 엄하되 사랑하게 하라."

어느 시대든 리더는 위 구절을 명심하고 노력해야 한다.

곡학아세(曲學阿世)

비뚤어진 학문을 하여 세속에 아부한다 _ *史記·儒林傳.*

지도자가 한 말은 몸 밖에 나온 땀과 같다
綸言如汗 윤언여한 _예기

'윤언綸言'이란 천자天子의 말이다. 이것은 땀과 같다고 했다. 즉, 한번 자기 몸에서 나와버리면 두 번 다시 되돌아 들어갈 수 없다. 그와 마찬가지로 천자가 하는 말도 한번 그 입에서 나오면 취소할 수가 없다는 뜻이다.

그러므로 톱Top은 발언을 신중히 하지 않으면 안 된다는 것이 '윤언여한綸言如汗'의 의미이다.

이것은 톱에게만 경고하는 말이 아니다. 평사원에서 과장, 과장에서 부장, 중역으로 지위가 올라감에 따라 발언의 신중을 요한다. 그러므로 발언은 지위가 높은 사람일수록 조심하지 않으면 안 되는 것이다.

일반적으로 리더는 자기주장을 피력할 때에는 단호하게 해야 한다. 그렇지 못하다면 리더로서의 자격이 없는 것이다.

그렇다고 해서 함부로 실언失言을 한다거나 이미 한 말을 취소해야 한다면, 이 또한 리더로서는 실격이라고 아니할 수 없다.

골계(滑稽)
재치가 있어 말이 유창함. 변하여, 남을 웃기려고 일부러 우습게 하는 말이나 몸짓, 익살. _ 史記와 楚辭.

일이 잘되고 안됨은
때가 있게 마련이다
遇不遇者時也 우불우자시야 _순자

공자孔子가 제자들을 데리고 여러 나라를 전전하며 유세를 할 때의 일이다. 그런데 뜻밖에도 어느 한 나라에서 정쟁政爭에 휘말리게 되어 며칠씩이나 먹지를 못한 적이 있었다. 자로子路라는 제자가,

"군자君子도 이런 역경에 처할 때가 있습니까?"

라며 따져 물었을 때, 공자는 이 말을 인용하며 자로의 불만을 달랬다고 한다.

'우遇'란 무엇을 하든 잘 풀려 나가는 것, '불우不遇'란 그 반대로 무엇을 하든 일이 잘 안 되는 것을 말한다. 그것은 '때[時]'를 얻었느냐 못 얻었느냐에 따라 달라진다는 뜻이다. 누구에게든 인생에는 우遇와 불우不遇가 늘 따라다니게 마련이다. 문제는 불우한 때를 어떻게 넘기느냐이다. 그때 유난히 비굴해진다든가 소극적이었다가는 장래를 망친다.

공자는 이렇게 덧붙이고 있다.

"몸을 닦고 행동을 단정히 하며 그 때를 기다려라."

묵묵히 자신을 단련하면서 기회가 오기를 기다리라는 말이다.

금과옥조(金科玉條)
금이나 옥과 같이 귀중한 법률 혹은 규정 _ 揚雄의 劇秦美新.

소의 꼬리가 되기보다는
닭의 주둥이가 되어라
寧爲鷄口, 無爲牛後 영위계구, 무위우후 _사기

대기업에서 빛을 못 본 채 세월을 보내는 것보다는 중소기업이라도 좋으니 그 우두머리가 되어 수완을 마음껏 발휘해 보라는 의미의 말이다. 줄여서 '계구·우후鷄口牛後'라고도 한다.

큰 조직에 몸을 맡기는 편이 안전도安全度란 면에서 훨씬 유리하고, 장래에 대한 불안감도 적을는지 모른다. 그 반면 들어가면서부터 경쟁이 치열한 데다 한평생 빛을 못 본 채 평사원으로 끝낼 가능성도 많다고 할 수 있다. 이에 비하여 작은 조직은 안정성이란 점에서는 뒤지겠지만, 인재 층이 얇은 까닭에 수완을 발휘할 기회도 빈번하고 등용의 찬스도 많다.

그리고 격동기가 되면 큰 조직이라고 해서 언제까지나 안태安泰하리라는 보장도 없다. 이와 반대로 작은 조직이더라도 시세의 흐름을 타고 급성장하는 예는 적지 않다.

그렇다면 '닭 주둥이鷄口'가 되는 것도 한 가지 방법일는지 모른다. 단, 그 길을 택하여 성공하기 위해서는 남다른 노력 및 시세에 대한 뛰어난 통찰력이 필요하다 하겠다.

과목불망(過目不忘)
한번 본 것은 잊지 않음 _ 晉書.

좋은 상품은 진열장에 내놓지 않고
깊숙이 감춰 두는 법이다
良賈深藏若虛 양고심장약허 _사기

현명한 상인商人은 좋은 상품일수록 진열장에 내놓지 않고 깊숙이 넣어 두다는 의미이다.

공자孔子가 젊었을 때 노자老子를 찾아갔다. 공자가 가르침을 청하자 노자는,

"진짜 장사꾼은 상점에 비싼 물건을 진열하지 않고 [良賈深藏若虛],
군자는 성덕이 있어도 외부에 과시하지 않는다 [君子盛德容貌若愚]."
라는 말을 인용한 다음, 이렇게 말했다고 한다.

"그대는 자신의 능력을 내세우며 욕망과 의욕을 너무 표출하고 있소. 모두 무익한 일이니 삼가도록 하오."

빼어난 능력이 있다 하여 그 능력을 내세우며 과시한다면, 주위로부터 빈축을 사게 되어 좋지 않은 결과를 초래할 수 있다. 실력을 깊숙이 감추어 둠으로써 오히려 인간으로서의 깊은 맛이 우러나는 법이다.

'양고심장약허良賈深藏若虛'는 바로 그 점을 지적한 말이다.

과즉물탄개(過則勿憚改)
과실이 있을 때는 가릴 것 없이 고쳐야 한다 _ 論語·學而篇.

교묘하게 표면만 꾸미는 것은, 보잘것은 없으나 정성 들이는 것만 못하다

巧詐不如拙誠 교사불여졸성 _한비자

'교사巧詐'는 교묘하게 표면만을 장식하여 남을 속이고자 하는 것으로, 언뜻 보기에는 그럴듯한 계책일지 모르나 오히려 주변의 반발만 사게 된다. '졸성拙誠'이란 보잘것은 없지만 정성이 깃들인 것으로, 우직함이라고나 할까.

인생을 살아가는 데 필요한 것은 '교사'보다도 '졸성'이라는 것이 이 말의 의미이다. '교사'는 남의 눈을 속여 일시적으로 호도할 수는 있을 것이다. 그렇지만 그런 속임수나 사기는 언젠가는 마각이 드러나기 마련이다. 그러나 '졸성'은 서서히 사람의 마음을 사로잡는다. 긴 안목으로 볼 때 분명 '교사'보다는 '졸성'이 낫다고 할 수 있다.

어떤 의미에서 현대는 '교사'가 판을 치는 세상이라고 해도 과언이 아니다. 그러나 인간관계의 기본은 예나 지금이나 그다지 변한 것이 없다. '교사'보다 '졸성'을 찾으려는 심정은 오늘날에도 강하게 이어지고 있음을 알아야겠다.

관인대도(寬仁大度)
너그럽고 어질며 도량이 넓다 _ 史記·高祖紀.

지(智) · 인(仁) · 용(勇), 이 세 가지는 천하의 달덕(達德)이다

智仁勇三者 天下之達德也 지인용삼자 천하지달덕야 _중용

'달덕達德'이란 덕 중의 덕, 다시 말해 중요한 덕이란 의미이다. 덕은 몇 가지 요소로 성립된다. 그 중에서도 가장 중요한 것이 지智·인仁·용勇, 이 세 가지라고 했다.

첫째, '지智'란 ①깊이 통찰할 수 있는 능력, ②사물을 적절히 판단할 수 있는 능력—이 두 가지의 복합에서 형성된다.

둘째, '인仁'이란 상대방의 처지에 서서 생각하는 것, 즉 동정同情이다. 물론 그 전제조건으로서 '나도 인간이며 그대도 인간이다'라는 인간적 공감共感이 있지 않으면 안 된다.

셋째, '용勇'이란 용기이다. 결단력이라고 해도 좋을지 모르겠다. 나아가든 물러서든 간에 양자택일을 해야 하는 경우 쾌도난마快刀亂麻와 같이 결단할 수 있는 능력, 그것이 '용'이다.

그렇다면 이 세 가지 '덕'은, 경쟁이 치열한 현실을 살아가는 데 있어 필요 불가결한 것임에 틀림없다.

괘관(掛冠)
의관(衣冠)을 걸어놓는다는 뜻으로, 벼슬자리에서 물러나는 것을 이름 _ 後漢書.

족한 줄 알면 욕이 없고
멈출 줄 알면 위태롭지 않다
知足不辱, 知止不殆 지족불욕, 지지불태 _노자

"부족하다 할 때 손을 뗄 줄 알면 욕을 당하지 않고, 머무를 줄 알면 위험을 면한다."

는 뜻의 말이다. 노자老子가 주창한 처세 철학의 백미로서, '지족지계知足之戒'라고도 한다.

노자가 여기서 경고하는 바는 '내가 우선'이라며 나서는 태도, 이익이 된다 싶으면 남이야 어찌 되든 간에 시악을 쓰고 덤벼드는 태도이다. 왜 그렇게 하면 안 되는 것일까? 결국 주변 사람들로부터 반감을 사게 되어, 그나마 차지한 이득도 오래 지속될 수 없기 때문이다.

자기의 이익을 추구하려면 필히 상대의 이익도 배려해야 한다. 자기 혼자만의 이익을 추구하다가는 결코 바람직한 결과를 얻을 수 없다는 말이다. 그러나 개인이든 나라든 이 점을 소홀히 한다. 국가 간의 무역마찰도 그한 예라고 할 수 있겠다.

『노자』의 이 구절에 깊이 귀를 기울였으면 하는 마음 간절하다.

교천언심(交淺言深)
교제한 지는 얼마 안 되지만 서로 마음을 털어놓고 이야기함 _戰國策.

군자(君子)에게는
세 가지 즐거움이 있다
君子有三樂 군자유삼락 _맹자

군자와 같이 훌륭한 인물들한테는 세 가지 즐거움이 있다고 한다.

그 세 가지란 과연 무엇일까? 『맹자』에 의하면 다음과 같다.

"부모가 모두 살아 계시고 형제에게 아무런 사고가 없는 것이 첫 번째 즐거움이고, 하늘을 우러러 조금도 부끄러움이 없는 것이 두 번째 즐거움이며, 천하의 영재英才를 얻어 이를 교육하는 것이 세 번째 즐거움이다."

알기 쉽게 다시 표현한다면 이렇게 될 것이다.

1. 부모가 건재하고 형제들에게 아무 재앙이 없을 것

2. 언제 어디서 누가 보든 항상 떳떳하게 살 것

3. 뛰어난 영재를 발굴하여 그 성장을 도와줄 것

같은 인생을 즐기는 데도 그 즐기는 방법은 사람에 따라 다를 수밖에 없다. 가능하다면 군자의 즐기는 방법을 따라야 하지 않겠는가.

교토사 주구팽(狡兎死走狗烹)
약삭빠른 토끼를 잡고 나면 사냥개를 삶아 먹는다 _ 史記·淮陰侯列傳.

> ## 사람들은 모두 유용(有用)의 용(用)만 알 뿐
> ## 무용(無用)의 용(用)은 모른다
> 人皆知有用之用, 而莫知無用之用也 인개지유용지용, 이막지무용지용야 _장자

무용無用의 용用이란 쓸모없으리라고 생각했던 것이야말로 실은 쓸모가 있다는 뜻이다.

장자는 유용성有用性만을 추구하고 있는 일면적一面的인 가치관에서 '무용'의 것까지 시야에 넣는 다면적多面的인 가치관으로의 전환을 설명했는데, 세상 사람들이 그것을 이해해 주지 않는다며 탄식했다.

예컨대 우리가 평소에 별 생각 없이 나누는 인사말. 그 인사말이 자신의 삶에 별로 중요하지 않을 것같이 생각되지만, 곰곰이 생각해 보면 그것이 인간관계를 원활하게 만드는 데 큰 역할을 한다는 사실을 깨닫게 된다. 이런 것들도 '무용지용'이라고 말할 수 있을 것이다.

유용성만을 추구하는 인간은 어딘지 여유가 없어 보인다. 인간으로서의 스케일도 작고, 장래의 대성大成도 기대할 수 없다는 생각이 든다.

장자가 말하는 '무용지용'을 발견할 수 있다면, 인생의 새로운 지평을 펼쳐나갈 수 있을 것이다.

구밀복검(口蜜腹劍)
입에는 꿀이 있지만 그 뱃속에는 칼이 있다 _ 新唐書·李甫林傳

소인(小人)의 학문은
귀로 들은 것을 입으로 뱉는 데 있다
小人之學也, 入乎耳, 出乎口 소인지학야, 입호이, 출호구 _순자

귀로 들은 것을 그대로 남에게 전할 뿐이니 조금도 자기의 몸에 익혀지지 않는다. 이를 '구이지학口耳之學'이라 한다. 자기 자신을 향상시키기 위해서는 오로지 배움에 힘써야 한다. 그러나 배운다 하더라도 위에서 말한 '구이지학' 식의 배움은 도리어 유해무익有害無益하다고 했다.

순자는 이어서 다음과 같이 말하고 있다.

"옛날 사람은 자기 자신을 위하여 학문에 열중했는데, 오늘날의 사람은 남을 위하여 학문을 하고 있다. 군자君子는 학문에 의해 자신을 향상시키는데, 소인은 학문에 의해 자신을 팔고 있다. 묻지 않았건만 지껄여 댄다. 이것을 잔소리라고 한다. 한 가지를 물으면 두 가지를 대답한다. 이것을 불필요한 참견이라고 한다. 그 어느 쪽도 좋지 못하다. 군자란 치지 않으면 울리지 않고, 치면 울리는 법이다."

어차피 어려운 학문을 하려고 마음먹었다면 '군자지학君子之學'을 목표로 삼을 일이다.

구우일모(九牛一毛)
아홉 마리의 소 중에서 뽑은 한 개의 털. 무수히 많은 것 중에 하나를 뜻함. _報任安書.

아들아,
세상의 중심에 너 홀로 서라

• 개정 1판 1쇄 인쇄 __ 2021년 10월 15일
• 개정 1판 2쇄 발행 __ 2024년 04월 25일

• 지 은 이 __ 필립 체스터필드
• 옮 긴 이 __ 이은경

• 펴 낸 이 __ 박효완
• 편집주간 __ 이선종
• 디 자 인 __ 김영숙
• 마 케 팅 __ 신용천
• 물류지원 __ 오경수

• 펴 낸 곳 __ 아이템하우스
• 등록번호 __ 제2001-000315호
• 등 록 일 __ 2001년 8월 7일

• 주   소 __ 서울특별시 마포구 동교로 75
• 전   화 __ 02-332-4337
• 팩   스 __ 02-3141-4347
• 이 메 일 __ itembook@nate.com

ISBN 979-11-5777-152-3 (13190)
※ 파본이나 잘못된 책은 교환해 드립니다.